完美英语备课法

用更短时间和更少材料让学生高度参与的100个课堂游戏

[美]麦克·迪迦克默 Michael DiGiacomo 著

ESL GAMES FOR THE CLASSROOM

101 Fun Activities to Engage Your Students with Minimal Prep

中国青年出版社
CHINA YOUTH PRESS

图书在版编目（CIP）数据

完美英语备课法：用更短时间和更少材料让学生高度参与的100个课堂游戏 /
（美）麦克·迪迦克默著；彭相珍译.
—北京：中国青年出版社，2022.7
书名原文：Games for the Classroom: Engage Your Students with Minimal Prep
ISBN 978-7-5153-6652-4

Ⅰ.①完… Ⅱ.①麦…②彭… Ⅲ.①英语课—教学研究—中小学 Ⅳ.①G633.412

中国版本图书馆CIP数据核字（2022）第088305号

ESL Games for the Classroom: 101 Fun Activities to Engage Your Students with Minima Prep By
Michael DiGiacomo.
Text © 2018 Michael DiGiacomo (the "Author").
All rights reserved.
First published in English by Rockridge Press, a Callisto Media Inc imprint
Simplified Chinese translation copyright © 2022 by China Youth Press.
All rights reserved.

完美英语备课法：
用更短时间和更少材料让学生高度参与的100个课堂游戏

作　　者：〔美〕麦克·迪迦克默
译　　者：彭相珍
责任编辑：周　红
美术编辑：杜雨萃
出　　版：中国青年出版社
发　　行：北京中青文文化传媒有限公司
电　　话：010-65511272/65516873
公司网址：www.cyb.com.cn
购书网址：zqwts.tmall.com
印　　刷：大厂回族自治县益利印刷有限公司
版　　次：2022年7月第1版
印　　次：2022年7月第1次印刷
开　　本：787×1092　　1/16
字　　数：120千字
印　　张：15.5
京权图字：01-2018-8314
书　　号：ISBN 978-7-5153-6652-4
定　　价：49.00元

目 录

contents

如何使用本书

为什么课堂需要游戏

我是一名土生土长的纽约人，自1994年以来一直从事英语教学和培训工作。我的职业生涯始于日本的仙台，当时我在一所私立成人语言学校教授非母语英语课程（ESL）和英语作为外语的课程（EFL）。自那时候起，本书中提供的各类训练游戏就在我的课程中发挥了重要作用。

语言学习中一个基本概念是，学习的过程涉及输入（阅读和听力）及输出（口语和写作）两个方面。为了成功地进行第二语言的学习和训练，学生们需要反复锤炼输出过程，尤其是口语表达能力。游戏在口语输出的训练过程中能够发挥尤为重要的作用。第二语言学习者，尤其是初级和中级水平的学习者，会极其不愿意开口说外语。当然，我知道这个说法比较武断，因为学生们的口语表达水平和能力也要取决于学生的文化背景及他们已经掌握的英语语言能力水平。但无论如何，本书中提供的训练游戏能够有效地鼓励学生们开口说英语。

首先，本书提供的游戏和训练活动很有趣。而兴趣是决定语言学习效果优劣的一个重要因素。寓教于乐？没错，我们的目标就是让学生快乐地学习。很多学生身处较为严肃的学习环境中，他们的文化背景要求课堂的气氛保持严肃。学生们体验的是更为被动的学习，在这样的课堂上，教师是主角，负责讲授，学生作为配角，只需要安静地坐着听讲和吸收知识。在一些国家，学生把语言学习的重点放在了阅读、写作和翻译上，导致他们几乎没有机会在课堂上开口。例如在日本，学生在初中和高中阶段都要学习英语。但在这六年的学习中，他们几乎没有什么机会用英语进行交流，因而往往会倾向于拒绝用英文进行自我表达。有趣的训练活动，例如游戏，能够帮助这些学生更轻松地使用英语这门学习了六年的语言进行表述。

从你个人的第二语言学习经验中，你可能已经体会到，要开口讲出英语词汇或使用特定的语法并不容易，对于大多数学生来说这是一件压力山大的事。所以，趣味游戏是打破课堂紧张气氛的一个好办法，通过娱乐性的游戏和训练活动，我们可以降低学生在口语表达的情感层面上的障碍，让语言学习变得更有意义。许多成年学生在学校里也要学习英语，但此类学习更强调英语作为学术研究的工具，而非交流沟通的技能。语言游戏可以打破这些陈旧刻板的印象，让学生充分享受英语学习的过程。

我之所以产生撰写本书的念头，是因为在我开始教学活动的时候，我的书架上刚好缺了这么一本有用的书。另外，也因为市面上大部分的英语作为第二语言（ESL）的活动书都是基于英式英语编写的，而我个人并不是特别喜欢在课堂上展开那些充满各种英式词汇和表述的活动与训练，例如卡车司机（英式lorry drivers；美式truck drivers）、室友（英式flatmates；美式roommates）和手推车（英式shopping trolleys；美式shopping carts）等。我认为，是时候为我们美国本土及更广大的英语教师们提供一些用我们每天日常使用的美式英语设计的课堂资源了。

此外，我认为每一位外语教师都需要一本实操型的图书——它为你提供可靠的资源，让你能够找到正确的活动来完成课前热身、串起教学流程或者对某个特殊语法点或特定词汇点进行专项训练。本书提供的很多游戏具有极大的灵活性，每位教师都可以根据课程进行适当的调整和修改，以适应不同的水平和难度级别。我相信，使用本书之后获得的成就感会让你喜出望外。除了按照本书提供的方法使用这些游戏之外，你还可以设计适合自己课堂的创意活动。

书中的游戏该怎么用

最好的课堂游戏和活动，无需教师进行太多解释和铺垫，学生们就能迅速理解和掌握。本书将为你提供101种类似的游戏和活动。这些游戏非常简单，因此教师可以轻松地操作，学生可以轻松地参与。决定一个课堂游戏有成效的另外一个因素就是，尽可能少的准备时间。因为在备课的时候，教师们的工作任务已经相当繁重了，如果此时还需要花费大量的时间来准备一个10分钟左右的课堂活动或游戏，就有点得不偿失了。因此，诸位教师可以将本书看成学习盛宴中的一碟熟食，所有的汤品、沙拉和三明治都已经准备就绪，只等你轻松地端上桌供学生们享用！

本书提供的游戏特别适合学生人数较多的大型课堂，但大多数的活动也非常适合用于两人一组或人数较少的小组训练。活动参与人数较少的好处就在于，学生有很多表达和聆听的时间，而不是把大量时间浪费在"等待讲话机会"上。没有什么事情，比一项要求学生经过漫长等待才轮到自己开口表达的课堂活动更无趣的了。我曾经见过有老师在课堂上，一个接一个地问学生，"你的周末过得怎么样？"我很同情其他15个学生，因为他们只能在无聊中等待问题轮到自己。通过将学生拆分为不同的小组，所有的学生都能够最大限度地参与到活动中，并将学生的无趣感降到最低。

在操作本书提供的很多游戏时，教师可以选择与一个或两个学生一起，简单地模拟和演示游戏的玩法。模仿是第二语言学习课堂的最佳方法，因为它能够为学生提供一个清晰可见的例子。较低水平或级别的学生很容易对游戏的解释感到迷茫，而亲身示范能够通过一种便于理解的方式，让学生明白游戏的目标。

在传统的课堂上，教师往往扮演游戏的主持人或协调者，学生则扮演玩家。但是，本书提供的游戏则采用了不同的模式。这些活动和游戏都以学生为中心，教师仅起到指导作用。这就意味着学生需要自己完成大部分的工作。在小组游戏和训练中，学生需要充当主持人或协调者，并且有机会轮换角色成为玩家。这让教师可以抽出身来监督整个班级的活动情况，并在必要时提供帮助。

本书提供的很多游戏也可以用在一对一授课中。鉴于书中设计的很多活动都是两人一组的活动，你可以在对学生进行一对一教学时，作为学生的训练伙伴。很多时候，一对一课堂要么变成自由对话课堂（缺乏既定的学习目标），要么会变成枯燥无味的程序化教学（缺乏激情和灵感）。对于一对一私教课的老师来说，如何将大型课堂进行小组教学的乐趣和兴奋感带入一对一的教学过程，可能是一项艰难的挑战。人类作为社交动物的天性，决定了群体教学注定比一对一的教学更具社交性，能够产生更多的互动气氛。因此，尝试在一对一私教课中引入本书提供的游戏和活动，能够赋予私教课更多的创意和激情。

那么，如何针对不同的需求选择游戏呢？本书中所有的游戏，都根据它们训练的主要技能类型进行了分类，即语法、词汇、口语、听力等。因此，每个章节都会重点突出某一个技能的训练，而在该章节中，所有提供的游戏都将按照难度级别——从初级（1级）到高级（5级）——进行分类。本书中所有的游戏都将按照下表依据难度从1到5的等级进行分类。

1级	初学者水平
2级	初级以上和中级偏下学习者水平
3级	中级学习者水平
4级	中高级和接近高级学习者水平
5级	高级学习者水平

在阅读本书的每个章节时，你可能会注意到每个游戏的描述还包含了小组人数、材料和所需时间等信息，你也可以根据这些描述和标准来选择适合自己课堂的游戏。在熟悉各个游戏的内容和模式之后，请务必翻到本书最后的"快速找到你想要的游戏"章节，这里的图表列出了书中描述的每个游戏。通过图表，你可以一目了然地比较本书所有的游戏类型，然后轻松快速地选择最合适的游戏来满足各种不同类型的课堂需求。

更多拓展资源，请访问https://www.myhappyenglish.com/

轻松上好课的游戏方法

高效运用课堂游戏的秘诀

我希望诸位能够将本书提供的游戏和活动视为一个起点，当成是一道汤品的菜谱。因为在制作汤品时，每个人都可以根据个人的口味，调整菜谱中的配料和调味料。同样的，在英语教学中，你可以调整本书所提供的游戏和活动的设计，来适应你的学生和课堂动态。遵循下面提出的一些基础方法和原则，能够帮助你实现最佳的效果。

寓教于乐。你肯定也听过这样一句话，找对方法事半功倍。当学生在一个有趣、开心的环境中学习时，所取得的进展肯定要比在严肃的、正式的学习环境中更显著。他们或许早就受够了严肃无趣的课堂，这就是为什么你的教学方法至关重要的原因！

了解你的学生。应该将英语作为第二语言（ESL）的课堂变成一个大家庭。因为这种相互鼓励和支持的学习环境，能够让学生将自己犯下的语言错误当成是正常学习过程的一部分。

帮助学生挑战自我，跳出舒适区。本书提供的一些游戏和活动会要求学生轮流担任领导者的角色。这能够鼓励所有的学生都积极地参与到课堂学习过程中。

灵活变通。每个游戏中给出的参与人数和规模仅作为示例。你可能会觉得某个活动更适合两人一组或放到更大规模的小组中开展。因为你最了解自己学生的情况，所以可以放心地调整参与人数的相关指标。

反复锤炼是个好做法！例如，你可能会认为自己已经对第二条件句（语法）开展了足够的训练，但这并不意味着你的学生们进行了充分的练习和使用。因此，再次通过游戏复习和回顾这个主题大有裨益。

交叉训练。虽然本书中设计的很多游戏都重点训练了某个特定的语法点，你依然可以利用这些游戏进行独立的口语和听力训练活动，而无需顾及你手头正在训练的语法点。因为，英语作为第二语言（ESL）的教学目标就是让学生能够运用英语进行交流和沟通。

充分利用现实生活中的素材！对于学生来说，最好的训练素材来自他们生活的环境，而不是教材。如果你的学生是当地运动队的粉丝，那么请以这些球员为例。教师需尽可能在训练中更多融入当地的景点、商店或学生们认识的其他人（例如学校的主任）作为现实的教学案例。

要学会放手！除了在游戏刚开始时协助和指导学生之外，本书设计的大部分游戏都不需要教师过多地参与。这是因为有时候教师们需要学会放手。只有这样，学生们才能够有机会独立成长。只有放手让学生去尝试，学生们才能够建立信心，并在没有教师协助的情况下，自信地使用英语。

在学生遭遇挫折时提供鼓励和帮助！关于如何纠错，我们甚至可以专门写出一本书来探讨。但无论如何，一定要牢记的一点是：并不是每一个错误都需要教师立马纠正。教师只需要在学生于游戏过程中失去了对目标语言运用的掌控时，提供帮助即可。

避免彻底失控的情况！为了避免游戏遭遇彻底的失败，在把游戏主动权交给学生之前，教师给学生示范一下游戏或活动的操作将是个很好的做法。

永远不要在玩游戏之前就宣布游戏规则，你只需要亲身示范就好！如果教师上来就说"好了，同学们！下面我们要玩一个游戏。当你的小伙伴说了一个形容词后，你需要给出这个词的反义词！"，糟了！这一大串的介绍本身就是一节难懂的课程。为了取得更好的效果，教师完全可以忽略这种对游戏规则长篇大论的介绍，可以一开始就直接举例示范，例如："上的反义词？下！黑的反义词？白！"

一定要准备一个备用方案。有的时候，某些活动并不适合你的学生，或学生准备的时间不够充分，导致游戏的效果不如预期。在这种情况下，最好提前准备一个备用方案，以确保教学的顺利进行。

常见问题及解决方案

有的时候，活动或游戏的进展和效果不如预期。这是不可避免的。但发生这种情况时，我们要如何应对？下面提供的一些技巧和方法能够帮助你避免这些问题的发生，或在出现问题后及时解决。

确保学生做好了充分的准备！导致游戏或活动失败亦或效果不佳的一个重要因素就是学生没能在开始之前进行足够的准备训练，或没能充分理解及掌握游戏和活动所需的语言点，从而导致活动的失败。因此，确保学生准备充分至关重要。

有选择地配对或分组。你知道哪些学生比较内向，哪些学生比较健谈。将他们两两配对或有选择性地搭配成小组，确保每个小组都能够包含这两种类型的学生。

避免出现一人唱主角的情况。学生中有一些人可能性格比较强势，倾向于主导课堂活动或游戏。这就是为什么我会尽可能避免采用那些需要教师主导的游戏和活动的原因。如果你的课堂上也存在类似强势的学生，那么一定要尽可能避免为他们提供机会或营造环境，导致他们可以掌控整个课堂。

为内向的学习者提供帮助。通常在较小规模的小组或一对一的活动中，内向学生的表现会好于他们站在全班面前做演讲的表现。

避免涉及禁忌话题。尽管大家非常喜欢跟朋友和家人讨论最热门的新闻话题，但因为存在不同的性格特点，这些话题对学生来说可能并不适合，或他们无法自如地进行探讨。因此将类似话题作为重点的课堂活动，注定是要失败的。

了解学生的家庭背景。例如，穆斯林的女性不能触摸男性（哪怕是握手这样的基本社交礼仪也不被允许），因此在为她们设计活动时，应避免任何可能涉及身体接触的活动。

混搭不同性格的学生。在组建小组时，鼓励性格不同的学生尽可能多地互动。这将自然而然地迫使学生只能使用英语进行交流。

了解学生的个性和彼此关系。身为教师，我们需要承认的一个事实就是，班上的同学并不会人人都能够和睦相处。因此在安排游戏或训练互动时，尽量避免将相处不来或关系较差的学生分到同一个小组里，以确保最佳的训练效果。

沉默不是金！如果你已经将学生分组并布置了活动或任务，且某个小组提前完成了，那么你需要准备一些额外的任务或活动，确保这些提前完成的学生在等待其他小组完成的时候，也有事可做，而不是尴尬地保持沉默。

公平地分组或配对。在班级学生人数为单数，要求教师参与游戏并扮演对话角色的时候，教师应该经常性地轮换配对的组合，以确保每个学生都有机会跟教师进行一对一的对话。或者，你也可以选择单独设立一个三人组合。

确保每个学生都能够独立完成游戏或训练。有的时候，学生会倾向于过度依赖教师的帮助，所以你需要帮助学生们改正这个坏习惯。当我的学生向我提出问题时，我最喜欢给出的两个答案就是：①我也不知道，你是怎么想的？②我也不知道，不如问问上帝？

留意观察活动过程中的干扰因素。有时候学生会故意或有组织地偏离主题。因此需要关注学生小组的进展，确保他们专注于手头的任务。

一对一教学中的应用

如果你刚好从事一对一的私人课程，那么你很幸运。因为本书设计的很多游戏和活动，都可以轻松地改编为适合一对一教学或小班教学的模式。在私人课程中，你将成为学生的练习搭档。如果班级规模较小，你也可以与学生小组合作。在进行私人课程教学时，你要牢记的一点就是：让学生来主导对话。我经常需要提醒自己牢记"等学生先说"的原则，以确保学生有机会和足够的时间来组织他们想要表达的语言。

在网络课堂教学中的应用

你是一名在线授课教师吗？如果是的话，你也可以很轻松地将本书提供的各类游戏和活动应用到你的在线课程中。将本书设计的活动卡片转换为在线卡片，让你可以轻松地与学生分享。

此外，还可以将游戏做成视频或图片，给你的网络课堂增加趣味性。

第一部分

口语游戏

游戏

1

接力回答

训练目标：口语表达（提问）、听力训练

难度等级：	分组规模：	所需时间：
1—3级	整个班级	5—10分钟

■ 素材&准备工作

　　准备两套卡片。其中一套是问题卡片，每张卡片上都写着一个问题，例如："Where is the train station?"（火车站在哪里？）"How much are the apples?"（苹果多少钱？）"What time does the movie start?"（电影几点开始放映？）"How many cats live in this city?"（城市里有多少只猫？）等等。另外一套卡片上则写着这些问题的答案。确保制作的卡片数量足够多，至少保证每个学生手上能够拿到两张卡片，无论是问题卡还是答案卡。

■ 游戏目标

这个游戏的目标是让每个学生都能够找到与自己手上问题卡片相对应的答案。

■ 如何开展

将班上学生分为两个大组。其中一组拿着问题卡片，另外一组拿着答案卡片。游戏的目标是让拿到问题卡片的学生尽快地找到相对应的答案。这就意味着他们要找到持有正确答案卡片的学生。游戏的规则是：学生们只能说出他们所持卡片上写着的信息。而第一个成功找到手上两张问题卡片对应答案的学生就是本次游戏的赢家。为了确保公平，可以在做完第一轮游戏后，将两组角色进行对调，再玩一次。

■ 注意事项

教师需要确保学生们能够立即投入游戏，并且确保他们只能够交流自己所持卡片上的信息。

> 教师一定要亲自制作卡片，以确保每张卡片上的问题只有一个对应的正确答案。

游戏

2

问路和指路

训练目标：口语表达（提问/给出方向、讨论地点、介词的用法）、**听力训练**

难度等级：
1—2级

分组规模：
2人一组

所需时间：
10—15分钟

■ **素材&准备工作**

　　准备一张地图，无论是你所在城镇，还是社区抑或虚构的地区均可。地图应该至少包含五个街区，并且每个街区都应该包含几个不同的街道名称和几栋大楼或数个不同名称的地点，例如邮局、银行、书店、咖啡馆、超市和停车场等。然后将每个地点的名称写到卡片上。每组学生手上都应该拿到一张地图和一套标注了地点名称的卡片。

■ **游戏目标**

　　游戏的目标是让每个学生都能够学会听懂和给出方向指示，并且能够清楚描述地图上的某个地点到另外一个地点的方向和路径。

■ 如何开展

教师需要首先亲身示范游戏的玩法。教师可以首先给出明确的出发地点，但目的地可以保留悬念让学生去寻找。例如，教师可以告诉学生："我现在站在银行门口。我先沿着大街直走，然后在百老汇左转。我现在停在了百老汇和史密斯街的拐角处。那么，我现在身在何处？"一旦学生掌握了游戏的玩法之后，可以让他们自己跟搭档开始练习。其中一个学生抽出两张写了地名的卡片，并且将第一张卡片上写的地名大声地念出来："我现在身处××地方。"然后看一下第二张卡片上写的地点，但不能直接告诉自己的搭档。第一个学生需要给出从第一张卡片的××地点出发前往第二张卡片上面地点的路径和方向，但不能直接透露答案。他/她的搭档需要根据路径描述的信息，给出目的地的名称。第一轮游戏结束之后，两个学生互相交换角色，在第一轮中负责猜目的地的学生，在第二轮中将抽取两张卡片，扮演描述者的角色。

■ 注意事项

确保发出指令的学生使用目标语言来进行描述，且需要确保游戏按照规定的流程进行。

> 如实际情况需要，在第一轮的游戏结束之后，第二个学生可以直接将第一轮游戏的目的地作为出发地点，只需要抽取一张卡片作为新的目的地。

游戏

3

绕口令接龙

训练目标：口语表达（发音训练）、听力训练

难度等级： 1—5级	分组规模： 4—5人一组	所需时间： 10—15分钟

■ 素材&准备工作

准备一组绕口令。

■ 游戏目标

游戏的目标是让每个小组里的学生进行绕口令练习。但在每次练习过程中，每个学生只负责一个特定词汇的发音。

■ 如何开展

教师可以在黑板上写下一组绕口令——例如：She sells seashells by the seashore（她在海边卖贝壳），然后抽取一组学生来示范游戏的玩法。

假设每组有4个学生，那么游戏的玩法应该是：学生1为"She"；学生2为"sells"；学生3为"seashells"；学生4为"by"；再次回到学生1为"the"和学生2为"seashore"。然后，可以要求这4个学生轮流扮演学生1的角色，其他人则扮演剩下的角色，直到整个小组的学生都有机会轮流开始某个新绕口令句子为止。

■ 注意事项

只有当整个小组的学生都能够顺利地背诵整个绕口令时，游戏才能够发挥真正的作用。

教师可以酌情替换其他的绕口令，或提供多个不同的绕口令供学生练习。

游戏

谁是最聪明的学生：
单词重读游戏

训练目标：口语表达（语音语调和发音训练）

难度等级：
2—4级

分组规模：
3—4人一组

所需时间：
10—15分钟

■ **素材&准备工作**

无需额外准备材料。

■ **游戏目标**

游戏要求学生能够理解和讨论一个英文句子的意思如何根据句子中强调/重读的单词的变化而变化。

■ **如何开展**

在进行口语交流时，我们会倾向于重读一个句子中某些特定词汇来表达特定的含义。举个简单的例子："You look nice."（你看起来很不错！）

如果我们重读了"你"（you），那么我们想要强调的是"你"这个人。但如果我们重读了"看起来"（look），我们真正想要强调的可能是你"看起来"很不错（但实际上不一定如此）。教师可以在黑板上写下这个句子：I think he is really the smartest student I have ever seen in this class.（我认为他确实是我在这个班上见过的最聪明的学生。）学生们需要跟自己的搭档练习这个句子的表达，每一次要将句子的重读放在不同的词汇上。然后，他们需要按照前面描述的方法，讨论一下这个句子的含义是如何随着不同词汇的重读而发生变化的。

■ 注意事项

水平欠佳的学生可能需要教师的指点，才能够明白如何去重读句子中不同的单词。

教师可以根据学生的具体能力和水平替换用于游戏训练的句子。但要牢记一点，句子越长，训练的效果就越显著。

游戏

5

故事接龙

训练目标：口语表达、听力训练和语法训练

难度等级：2—4级	分组规模：4人一组	所需时间：10—15分钟

■ 素材&准备工作

无需额外准备材料。

■ 游戏目标

游戏的目标是让学生现场创作故事。在这个即兴创作的游戏中，一个学生提供故事的开头，然后小组里的其他学生轮流补充和完善这个故事。

■ 如何开展

教师可以在黑板上写出如下信息：

"1. 人物？这个故事的主人公是一个名叫_____的男人/女人。"然后写出这个问题的答案。

接下来按照下面的顺序，在黑板上写下提问的其他几个关键词，例如：

"2. 地点？"

"3. 时间？"

"4. 事件？"

然后将学生按照4人一组进行分组。告诉学生，他们需要以黑板上的句子作为开头，以小组为单位来讲一个故事。指定一名学生作为"主持人"，这个学生可以决定故事主要角色的名字并首先讲出上面的第一个句子作为故事的开场白。其他3名学生必须要轮流接替，每次讲一个句子来继续把这个故事讲下去。学生们给出的句子必须要回答黑板上提出的问题，即地点、时间和事件等。在小组成员回答完这些问题之后，包含了前述所有要素的故事也基本完成啦。学生可能会讲出这样一个故事："这个故事的主人公是一个名叫杰克的男人。杰克住在布鲁克林。昨天，杰克去上班了。杰克在一家披萨店工作。"如果教师和学生都愿意继续的话，这个故事还可以从这里进行下去。

■ **注意事项**

要确保游戏有效地进行，每个学生都必须在前面一名学生所提供的信息的基础上，继续添加信息。

针对较低水平的学生，教师可以要求学生把故事写下来，以强化他们对于语言的运用或帮助他们讲好整个故事。对于高水平的学生，教师可以要求他们在进行口语表达时突出某个特定时态的使用，例如将故事设定在未来，以强化将来时的使用。

游戏

6

你周末过得怎么样

训练目标：口语表达（间接引语）、听力训练

难度等级：	分组规模：	所需时间：
2—4级	2人一组	10分钟

■ 素材&准备工作

无需额外准备材料。

■ 游戏目标

游戏的目标是营造一种信息交流的氛围。要求一个学生向他/她的搭档描述自己周末的情况，然后向另外一个学生转述相同的信息，但在转述时需要运用到间接引语的语言技能。

■ 如何开展

这是一个信息重复和交流的活动。教师可以要求学生站起来，两人一组进行对话。教师在黑板上写下关键的问题，"你上个周末做了什么？"（如果活动开展的时间不是周一，而是一周中间的时间段，那么可以将问题改为"你昨天做了什么？"）然后学生需要向自己的搭档提出这个问题，并在搭档提出同样问题的时候提供答案。在五分钟之后，教师可以叫停两人一组的小组练习，并要求学生轮换对话的搭档。在新一轮的对话中，学生要使用不同形式的间接引语，将第一位搭档在周末所做的事情，描述给新搭档听。

■ 注意事项

教师要确保小组练习的内容围绕既定主题展开。尤其是在第二轮的活动中，一定要确保学生所描述的是他们第一位搭档所提供的信息，而不是他们自己在上一个周末的活动情况。

> 对于较低水平的学生，教师可以在黑板上写下一些常用间接引语的示例，例如"吉姆说_____。""吉姆告诉我_____。"等。
>
> 对于较高水平的学生，在开始活动之前，可以先传授类似"就像"（was like）等较高级别的口语表述的用法，并要求学生在游戏训练中使用。

游戏

描述杂志照片

训练目标：口语表达（描述外貌）、听力训练

| 难度等级：
2—4级 | 分组规模：
5—6人一组 | 所需时间：
10—15分钟 |

■ 素材&准备工作

准备15到20张选自杂志的人物照片。

可以包括著名人物，也可以选择普通人。

■ 游戏目标

游戏的目标是让学生学会准确地描述一个人的外貌，并且能够根据某个人的外貌描述精准地识别该人物。

■ 如何开展

在向学生示范这个游戏的玩法时，教师可以在黑板上写下这样的关键句子："我正试图找到一位朋友，你是否可以帮助我？"然后描述班上某位同学的外貌，例如"我的这位朋友，留着棕色短发，有着黑色的眼睛。她15岁……"等。一旦学生理解并掌握游戏的玩法之后，将学生进行分组并开始练习。将15到20张不同的人物照片放在桌子上。每个小组派出一位学生来选择一张照片（但不能向其他人展示），然后这个学生需要描述自己所选的人物。其他的学生则需要看着所有的照片，猜测这个学生描述的到底是哪张照片上的人物。

■ 注意事项

在描述人物的穿着打扮之前，学生应该首先描述照片中人物的长相和外貌特征。

在这个游戏中，来自音乐会或体育赛事的观众照片也可以作为素材。如果教室里安装了投影仪，那么教师可以在幕布上打出照片，让学生用来进行练习。

游戏

外貌描述游戏：
我们描述的是谁

训练目标：口语表达（描述外貌）、听力训练

难度等级：
2—4级

分组规模：
2人一组

所需时间：
15—20分钟

■ **素材&准备工作**

　　教师要在课前准备一些发放给学生的资料，资料上应包含描述面部特征的词汇和表述，例如头发的颜色、发型（长的、短的、波浪形的等）、眼睛的颜色、鼻子的形状、嘴唇的大小和形状以及脸型等。

■ **游戏目标**

　　游戏的目标是让学生猜出被描述的是班上的哪一位同学。

■ **如何开展**

　　给每个学生都分发一份资料，然后要求同一个小组里的两位学生

背对背坐好。请学生要求自己的搭档描述他们的外貌。例如，一个学生可以说："向我描述一下你的头发。"他/她的搭档可以说："我有一头披肩棕色长发。"然后第一个学生可以继续提问："你的头发是直发还是卷发？"对方再次回答，并按照这个流程继续对话。学生在玩游戏的过程中，必须要尽可能把对方提供的所有细节信息都写下来，并在相关信息询问完毕之后，轮换提问者和回答者的角色。等两人都完成了提问和回答之后，教师将学生手中的信息都收集起来，打乱顺序，再发回给学生。然后要求学生站到讲台前，将自己手上拿到的描述信息大声地念出来，让班上的同学来猜一猜被描述的到底是哪一位同学。

■ 注意事项

当一个小组里的两位学生都能够提供对自己搭档的详细描述时，游戏才算是取得了预期的效果。教师要确保学生写在纸上的是描述外貌的句子，而不是一些零碎的词汇。

针对较高水平的学生，教师可能无需提前准备和分发关键词汇的相关资料。

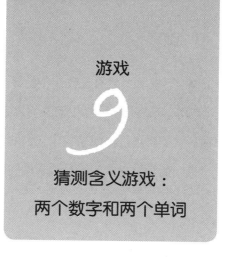

游戏

9

猜测含义游戏：

两个数字和两个单词

训练目标：口语表达（如何提问）、**听力训练**

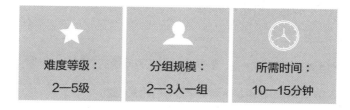

| 难度等级：
2—5级 | 分组规模：
2—3人一组 | 所需时间：
10—15分钟 |

■ **素材&准备工作**

　　无需额外准备材料。

■ **游戏目标**

　　在这个游戏中，学生必须要通过提出答是或否的问题，来找出自己搭档写下的两个数字和两个单词的含义。

■ **如何开展**

　　学生在一张纸上写下两个数字和两个单词，这两个数字和单词要跟他们的生活有所关联。比如，数字可以是某个重要的年份（毕业年份或来到这个城市的年份等)、家里小孩的人数或年龄等。而词汇可以是自己最喜欢的食物或动物等。写完之后，学生需要与自己的搭档交换纸条，搭档看到数字和单词后，需要通过提问来找出它们的含义。确保游戏顺利进行的关键在于，提问的学生只能问答是或否的问题，而回答的学生也只能回答是或否。

■ 注意事项

教师要确保学生提出的问题必须是简单的是或否就可以回答的，问题的复杂程度不能超出这个界限。

> 对于水平较低的学生，教师可以放宽对问题的限制，允许学生提出涉及人物、内容、地点、时间和原因等的相关问题。

游戏

10

发音游戏：
谁能最先讲完歌词

训练目标：口语表达（语速和发音练习）

难度等级：
2—5级

分组规模：
2人一组

所需时间：
10—15分钟

■ 素材&准备工作

准备一些打印有著名英文歌曲歌词的纸张，例如可以选取披头士（Beatles）的《昨天》（*Yesterday*）或邦乔维（Bon Jovi）的《活在祈祷中》（*Living on a Prayer*）。

■ 游戏目标

游戏的目标是将学生分为两人一组，然后让学生练习尽可能快速、准确地通过流畅和清晰易懂的发音将歌词念完。

■ 如何开展

将打印的歌词分发到每个学生手中，然后播放歌曲（大部分的歌曲都可以在网上找到），让学生先熟悉歌曲和歌词。然后将学生分成两人一组，一起通读歌词。小组成员每人每次只能读一句歌词，然后相互轮替直到完成整首歌词。最先读完整首歌的小组就是获胜者。

■ 注意事项

必要时，教师需要指导学生解决歌词内的吞音或连读等发音难点。

如果学生口语表达意愿较强或较为活跃，可以请学生以快速唱歌的形式完成所选歌曲（前提是学生已经十分熟悉并能够唱出所选歌曲）。如果想要增加难度，可以避免选择那些歌词重复率高的歌曲。

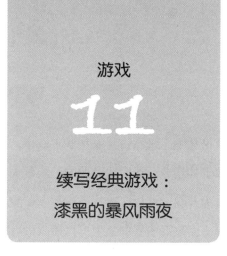

游戏

11

续写经典游戏：
漆黑的暴风雨夜

训练目标：口语表达、听力训练、语法训练和词汇训练

难度等级：
2—5级

分组规模：
3—4人一组

所需时间：
10—15分钟

■ 素材&准备工作

写下几部著名小说或几首著名歌曲的第一行，然后分别发给每个小组的学生，例如："这是一个漆黑的暴风雨夜"（It was a dark and stormy night①）；或"你好，黑暗，我的老朋友"（Hello, darkness, my old friend②）；或"很久、很久以前，有……"（Once upon a time there was...）；或"谁在那儿？"（Who's there?）等。

---

① Edward Bulwer-Lytton1830年的小说《Paul Clifford》开头第一句。
② 美国电影《毕业生》主题曲《The Sound of Silence》的开头第一句

■ 游戏目标

游戏的目标就是让学生来续讲（或续写）故事。故事开篇第一句应该选自某个著名故事的经典开场白或歌曲的经典歌词。学生应该将教师提供的经典句子作为开篇，然后接着往下讲故事。较低水平的学生可以用来训练故事写作，而较高水平的学生可以用来做口头表达的训练。

■ 如何开展

教师需要首先给全班学生示范游戏的玩法。教师可以告诉学生，你们接下来将要一起先编出一个故事。可以让学生们来建议故事的主要角色、角色的名字、年龄和故事发生的地点。假设班上的学生们共同创建了这样一个虚构的人物：他叫作鲍伯，20岁，住在纽约。然后，教师将"这是一个漆黑的暴风雨夜"这句话写到黑板上，接着问学生们接下来会发生什么样的故事。例如，教师可以问学生"鲍伯做了什么？"或"鲍伯身上发生了什么事情？"如果一个学生回答"鲍伯当时正在下班回家的路上。"，教师就可以接着问："好吧，那鲍伯会感觉如何？"另外一个学生可能回应说："他感到非常饿。"教师可以继续提问。一问一答的训练可以不断继续，直到学生们都明白了要怎么玩这个游戏为止。然后，给每个小组的学生分发一个全新的开篇句子。告诉学生们，他们需要以这个开篇句子为起点，像前面教师用鲍伯来讲故事那样，续讲一个故事。

■ **注意事项**

　　想要确保游戏发挥作用，教师需要确保每个小组的学生都能够顺利和流畅地轮流接续故事。

> 　　教师可以给每个小组分发不同的开篇句子，也可以给所有小组分发同样一个开篇句子。在各个小组的故事都讲完之后，可以请每个小组选派代表到讲台前来读出或讲出他们小组完成的故事。

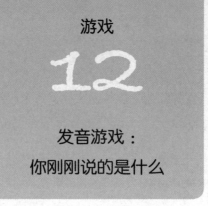

游戏

12

发音游戏：
你刚刚说的是什么

训练目标：口语表达（分辨容易混淆的发音）、听力训练

难度等级：	分组规模：	所需时间：
2—5级	3—4人一组	10—15分钟

■ 素材&准备工作

准备一些卡片，卡片上写的句子应该包含英语中容易混淆的一些最小变体对立对，例如："你印象里数没数这些投票/船只（votes/boats）的数量？""我对这些投票/船只（votes/boats）不太满意。"每张卡片应包含不同的容易混淆的最小对立对，而且教师应该制作足够的卡片，确保每个学生都能够拿到不同的容易混淆的最小发音变体。

■ 游戏目标

在这个游戏中，学生需要对自己的组员大声读出卡片上的句子，听到句子的小组成员要写下这个句子，目标是能够正确地辨别出读句子的学生选择了哪个单词，例如是投票还是船只（votes还是boats）。

■ 如何开展

给学生发放卡片，然后要求学生在每组容易混淆的最小对立对中圈出自己想要读的那个单词。随后，要求一名学生向其他小组成员读出自己手上的句子。其他小组成员必须写下该学生读出的句子，然后互相交流看看是否写下的都是同一个单词。在听句子的小组成员达成一致意见之后，读句子的学生需要向他们展示自己选择了哪个单词。按照这个流程继续游戏，直到所有的小组成员都完成训练。

■ 注意事项

所有的学生都应该努力在小组内达成一致意见，只有整个小组的成员都给出了同一个单词，游戏才能够继续，轮到下一个学生读新句子。

> 对于水平较低的学生，为了降低游戏难度，教师提供的卡片上只需要写一个包含了易混淆的最小发音变体的句子即可。

训练目标：口语表达（疑问句构成法）、**语法训练**

难度等级：	分组规模：	所需时间：
3—5级	整个班级	20—30分钟

■ **素材&准备工作**

给每个学生分发两到三张空白的小纸条。或要求学生撕下一页草稿纸并撕成两到三张小纸条。

■ **游戏目标**

游戏的目标是让学生猜出已故名人的名字，但是只能通过提答是或否的简单疑问句来完成。

■ **如何开展**

教师给学生发放空白小纸条或要求学生从笔记本上撕下一张纸裁

成两到三张小纸条。学生们需要想出几个已故名人的名字。这些人应该是世界知名的音乐家、艺术家、政治家等，例如爱因斯坦、贝多芬或毕加索等。（尽量要求学生选择世界名人，而不是那些仅仅在国内知名的人物。）

学生在每张小纸条上都写下一个已故名人的名字，然后将纸条对折。所有写下的名字都不能够向班上同学展示。教师把所有的纸条都收集起来，放到事先准备好的帽子（或盒子）里，然后打乱顺序。选出一个学生做主持人，主持人可以从帽子或盒子里抽出一张纸条，但是不能展示给班上的同学看。然后班上同学可以向主持人发问，通过提答是或否的简单疑问句，来猜出纸条上写的已故名人的名字。例如，学生们可以提问"他是一个男士吗？"或"他/她是一个音乐家吗？"或"他是否来自中国？"等问题。最先猜出纸条上人名的学生就是本轮游戏的赢家。之后就可以抽出下一张纸条，继续游戏。

■ 注意事项

当所有的学生都积极主动地发问且热情高涨地参与游戏时，游戏就可以取得最佳的效果。

> 如果教师不想浪费课堂时间让学生们来自己想名字，也可以在课前准备一份名单。如果班上的学生来自多个不同的国家，那么教师提供的名单应该包含来自其中各个国家的已故名人。

沟通游戏：

寻找最完美的室友

训练目标：口语表达、词汇训练

难度等级：	分组规模：	所需时间：
3—5级	整个班级	20—25分钟

■ 素材&准备工作

准备一些卡片，卡片上写着四到五个关于生活方式或性格特征的信息，例如："我是一名医生。我喜欢滑雪和外出就餐。我不喜欢猫和狗。但我养了一只宠物鸟。"请准备足够多的卡片，确保每个学生手上都能拿到一张卡片。

■ 游戏目标

游戏的目标是让学生拿着卡片在教室里自由地跟其他学生交流卡片信息。交流的目标是找出最佳的室友人选。

■ 如何开展

这个游戏就像是一个"八分钟约会"活动。给学生发放卡片，告诉他们自己需要扮演卡片上给出的人物。卡片上提供的信息将成为他们的新身份和特质。然后要求学生给自己所扮演的角色选择一个完美的搭档。每一轮一对一的对话可以持续两到三分钟，学生需要在短短的两三分钟内决定对话的人是否能够成为完美的室友，主要的依据就是双方卡片上提供的生活方式和性格特质是否匹配。两三分钟后，教师负责发出时间提示，学生需要轮换到下一个对话者并进行交流。在几轮对话之后，学生们需要向全班汇报自己是否找到了完美的室友人选。

■ 注意事项

要确保学生在寻找完美室友的时候，所提供的信息和判断的标准一定是根据卡片所提供的角色和信息，而不是依据本人的性格或信息。

> 教师可以在制作卡片信息的时候发挥一下创意。例如，在一半的卡片上写着喜爱宠物狗，而另外一半卡片上写喜爱宠物猫。①

---

① 在西方文化中，猫与狗一般是以对立形象出现的，默认喜欢猫的人和喜欢狗的人无法和睦相处，因此可以创造对抗的戏剧性。——译者注

游戏

15

配音游戏：

成为电视剧的主角

训练目标：口语表达、听力训练

难度等级： 3—5级	分组规模： 2人一组	所需时间： 10—15分钟

■ 素材&准备工作

准备一个电视情景喜剧的短视频和字幕，例如《我爱我家》和《武林外传》等。视频应该较为简短，且仅有两个人物进行对话。最好控制在10到16句台词（这样每个角色的台词应该是5到8句）。教师应该可以轻松地从网上找到视频的字幕或脚本。

■ 游戏目标

在这个活动中，学生需要跟着电视情景喜剧的短视频来讲出角色的台词，练习英语为母语人士的语速和发音。

■ 如何开展

给学生分发台词脚本（可以轻松地在网上找到）。播放短视频一遍或两遍，然后带着学生跟着视频读几遍。先带着学生分析对话中出现的吞音或连读现象。然后将学生分成两人一组，让他们先自行练习对话。等学生练习到足够熟练的程度之后，可以请学生站到讲台前，跟着视频模仿，并给视频中的角色配音。但要记住，学生不需要同时扮演两个角色，只需要念出第二个开口讲话的角色的台词即可。

■ 注意事项

教师可能需要帮助学生解决对话中的常见短语、语调以及吞音等发音问题。

我个人的建议是一开始只让学生练习第二个角色的台词。因为第一个角色能够为学生提供开口讲台词的时间节点和节奏。对于水平更高的学生，可以让一组内的两个学生分别扮演第一个角色和第二个角色，完成整个对话过程。

游戏

荒岛求生的物品清单

训练目标：口语表达、听力训练

难度等级：	分组规模：	所需时间：
3—5级	3—4人一组	15—20分钟

■ 素材&准备工作

无需提前准备任何材料。

■ 游戏目标

在这个游戏中，学生将要从25到30种物品中，选择自己会带到荒岛上借以求生的8项物品。

■ 如何开展

在游戏开始之前，带着全班学生来一场头脑风暴，先从教室或房屋周围找出25到30种物品，然后将这些物品的名称写到黑板上（开瓶器、手电筒、垃圾袋、绑带、餐垫、瓶装水、宠物猫等）。除了那些需要电力或电池的物品外，任何物品都可以列入备选清单。然后要求每个小组的学生想象一下，他们刚刚坠落在一个荒无人烟的荒岛上。在黑板上列出的所有物品中，每个小组可以选择8种物品来帮助他们荒岛求生。15分钟后，教师可以要求每个小组向全班同学汇报自己选择的物品以及选择这8种物品的原因。

■ 注意事项

要注意，学生之间一定要通过沟通和协商来共同决定小组最终的物品清单。

> 教师可以按照实际情况调整物品的规定数量。教师也可以将初始清单的物品选项限定在某个特定地点，例如只能从厨房或浴室里选择物品。

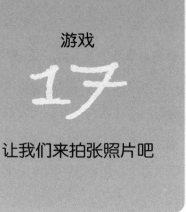

游戏

17

让我们来拍张照片吧

训练目标：口语表达、听力训练

难度等级： 3—5级	分组规模： 4—5人一组	所需时间： 10—15分钟

■ 素材&准备工作

准备一些照片，照片上应该有一群人摆着不同姿势拍照。譬如，你可以在百度上搜索以"不同姿势的男生/女生"为关键词的图片。

■ 游戏目标

这个游戏的目标是让学生们一起——只能通过语言描述——再现照片中人物的拍照姿势。

■ 如何开展

将学生分组。在分组的时候，组员的人数要比照片上的人数多出一个人，扮演摄影师。给每个小组扮演摄影师的学生提供一张照片。摄影师不可以将照片直接展示给组员们看或用身体摆出照片上的姿势。他/她只能通过语言，向组员描述照片中人物摆出的姿势，尽可能地让组员们能够根据描述摆出同样的姿势。然后摄影师需要拍下一张照片（我们在这里默认每个小组至少有一个学生有可以拍照的智能手机）。摆出的姿势跟原始照片最接近的小组即为获胜者。

■ 注意事项

扮演摄影师的学生需要跟组员沟通，向他们发出清晰的指令，指导他们摆出正确的姿势。此外，要确保每个小组里至少有一个学生有智能手机——如果整个小组都没有，那么教师需要帮助拍照。

原始照片中的姿势越有趣，这个游戏对学生来说就越具有挑战性。因此，教师可以选择那些被拍者以意想不到的姿势站立或坐着的照片作为原始素材。

游戏

18

即兴表演之夜

训练目标：口语表达、听力训练

难度等级：
3—5级

分组规模：
2人一组

所需时间：
20—30分钟

■ 素材&准备工作

准备一沓卡片，每张卡片上写上一组角色扮演的信息，例如，顾客和咖啡店收银员、警察和银行抢劫犯以及服务员和顾客等。

■ 游戏目标

游戏的目标是让学生根据自己拿到的角色进行即兴发挥，一起设计一段对话。

■ 如何开展

给每个小组发放一张卡片，告诉学生，他们可以小组内部自由决定由谁来扮演哪个角色。然后他们需要各自准备所选角色的对白。对于水平较低的学生，教师可以允许他们在准备阶段将构思的对话写下来。对于较高水平的学生，过程可以更随意一些。教师可以建议他们口头探讨拿到的角色应该说什么，而不用写到纸上。当学生准备好之后，教师可以要求每个小组都走到讲台前向全班学生展示一下完成的对话。

■ **注意事项**

　　水平较低的学生可能需要更长的时间才能够设计出符合角色身份的对话。

> 　　对于较高水平的学生，教师可以为角色添加更多的细节信息。例如，教师可以将卡片上的角色变成"愤怒的"顾客和"满怀歉意的"咖啡馆收银员，或"神经紧绷的"警察和"危险的"银行抢劫犯等，以增加对话的戏剧性。

游戏

19

看视频设计对话

训练目标：口语表达、听力训练

难度等级：3—5级	分组规模：3—4人一组	所需时间：10—15分钟

■ 素材&准备工作

准备一段电视情景喜剧的短视频，或其他你心仪的作品，时长为30秒到60秒。

■ 游戏目标

游戏的目标是让学生根据被静音的视频来设计一段对话。

■ 如何开展

在静音的状态下给学生播放几遍短视频。然后告诉学生他们需要想象视频中的角色和人物都说了些什么。学生的任务就是跟自己的搭档合作，一起为刚刚看过的视频中的角色编写台词和对话。在对话编写完成之后，学生需要先自行练习对话。然后教师再给学生们播放一遍视频。游戏的最后一个步骤就是，让学生跟着播放的视频，大声地念出自己编写的对话。在所有的小组都完成这个任务之后，再播放一遍视频，这一次无需静音，主要的目的是让学生知道原始的对话到底是怎样的。

▓ 注意事项

如果学生在编写台词和对话的过程中想要回看视频，教师可以再播放一遍。但需要确保学生是在静音模式下观看。

> 我个人很喜欢用瑞士黏土定格动画《企鹅家族》①来开展这项训练。因为学生可以观看保留了原音的视频，这能够帮助学生想象企鹅间的对话——但却没有实际的对话语言。因为这部动画片的原始音轨都是"企鹅语"，学生需要依靠角色们的语音语调和特质特点来想象实际的对话内容。但这项活动可能仅适合较高水平的学习者。

---

①《企鹅家族》(*PINGU*) 是由瑞士制作，风靡全世界的一部黏土动画卡通，以全世界共通的"企鹅语言"沟通；生动、逗趣的画面，加上诙谐、丰富的故事内容，贴切地刻画出亲情和友情的温馨气氛，更是牢牢地抓住了每一个人的心。

游戏

20

奇葩说

训练目标：口语表达、听力训练

★	👤	🕐
难度等级： 3—5级	分组规模： 2—4人一组	所需时间： 20—30分钟

■ **素材&准备工作**

准备一些包含了具有争议性话题的卡片。话题应该是较为奇葩或不同寻常的主题——例如，"应该禁止青蛙在晚上9点之后呱呱叫"或"餐馆应该停止免费供应番茄酱"等。教师可以在百度上检索"依然存在的古老法律"（old laws still on the books），检索结果应该能够提供大量的灵感和话题。

■ **游戏目标**

游戏的目标是让学生针对卡片上所提供的话题进行辩论。

■ 如何开展

每个小组的成员数量应该是双数。如果教师将学生分成2人一组，那么可以要求其中一个学生作为正方，另外一个学生作为反方。每个小组可以拿到一张卡片。告诉学生们，在开始辩论之前，他们可以花几分钟时间思考一下自己的立场和观点。如果每组的学生人数为4人，那么可以将2人作为正方，剩下2人作为反方。然后给每个小组一张包含了辩题的卡片。这一次，"正方"和"反方"都可以用5分钟时间来内部讨论一下自己的立场和观点，并为接下来的辩论做准备。正方可以首先发言，陈述己方观点，然后辩论就此开始。辩论可以持续5分钟左右。然后正反双方要对调角色，教师提供一张新卡，学生们就新的话题再次展开辩论。

■ 注意事项

水平较低的学生可能需要更长的时间跟搭档探讨己方的观点和立场。

> 对于水平更高的学生，教师可以通过减少准备时间或不预留任何准备时间来增加任务的难度和挑战性。

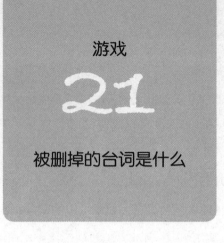

游戏

21

被删掉的台词是什么

训练目标：口语表达、听力训练

难度等级：
3—5级

分组规模：
2—4人一组

所需时间：
15—20分钟

■ 素材&准备工作

选取一段时长1分钟到2分钟的进行两人对话的电视节目。然后在网上找到这段对话的脚本，一式两份。每一份的对话台词中，可以选择删除部分词汇。例如，在第一份台词中，删除第一个讲话人的部分词汇；在第二份台词中，删除第二个讲话人的部分词汇。得到的两份台词中，分别被删除了不同的词汇和表达。最后，从两份台词中选择4到5个单词删除，并确保从两份台词中删掉的单词相同。

■ 游戏目标

游戏的目标是让学生通过提问和回答，补全这段电视节目短视频的台词中缺失的内容。

■ 如何开展

要求学生跟自己的搭档坐在一起，然后分发准备好的台词。每个小组的其中一半人拿到第一份台词，另外一半学生则拿到第二份台词。在静音模式下，播放一遍或两遍该短视频，让学生们熟悉台词和对话的背景。告诉学生，他们手上的台词缺失了一些词汇和表达，他们需要跟自己的搭档合作，补全手中这份台词。为了增加游戏的压力和挑战性，教师可以设定一个时间限制。在所有的小组都完成之后，他们需要拿着台词进行角色扮演对话。然后给全班播放带有原音的视频，学生可以检查自己补全的台词是否正确。

■ 注意事项

当所有学生都可以站到讲台前进行角色扮演对话时，游戏就取得了应有的效果。如果有小组完成得较快，教师可以帮助他们训练念台词时的语音语调。

如有时间，教师可以准备不同版本的台词，这样整个班级就可以呈现不同风格和内容的角色扮演。

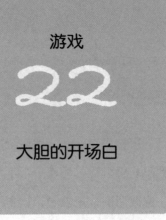

游戏

22

大胆的开场白

训练目标：口语表达、听力训练

难度等级：	分组规模：	所需时间：
3—5级	2—4人一组	15—20分钟

■ 素材&准备工作

准备10到12张卡片，卡片上写一些大胆且引人注目的陈述，例如：

"我再也不会去那家餐馆了。"

"我简直不敢相信她说的那些话。"

"我的老板疯了。"

"这是我参加过的最糟糕的派对。"

要准备足够多的卡片，确保每个学生都能拿到一张。

■ 游戏目标

游戏的目标是让学生能够以卡片提供的陈述信息作为开场白，完成一段对话。

■ 如何开展

先在黑板上写下一个提示性的句子："发生了什么？"（What happened？）然后给学生示范游戏的流程。抽取一张卡片，大声地念出卡片上的文字，例如"我再也不会去那家餐馆了"，然后指着黑板上的提示性句子，问："发生了什么？"然后就此引出一段对话。在学生理解了玩法之后，将学生分成2人一组，并分发卡片。小组中的一个学生抽出一张卡片，念出卡片上的信息。另外一个学生按照黑板上的提示，问"发生了什么？"，然后两人可以开启2到3分钟的对话和讨论。完成之后，再抽取另外一张卡片，并再次开启新一轮的对话。

■ 注意事项

确保学生们都能够提出并回答后续的问题，从而使得对话顺利进行。

对于水平较高的学生，教师可以单独给每个学生发一张卡片，然后在全班范围内开展轮流对话活动。设置3分钟的时间限制，时间到了之后，要求学生交换卡片，并轮换对话的搭档。

第二部分

听力游戏

游戏

23

时间到啦

训练目标：听力训练、词汇训练

难度等级： 1—2级	分组规模： 4—5人一组	所需时间： 10—15分钟

■ 素材&准备工作

准备一套图片，至少包含20张模拟时钟的图片或绘画，每张图片应该显示一天中不同的时间。请按照拟分组的数量，为每个小组准备一套这样的图片。此外，还应该准备一份图片所示时间的清单。

■ 游戏目标

游戏的目标是让学生在听到老师表述的与时间相关信息时，能够准确地辨别显示了对应时间的图片或绘画。

■ **如何开展**

学生们最好能够围绕桌子站成一圈。每个小组的学生都能够得到一整套图片，并将它们正面朝上摆在桌子上。教师手上拿着对应的时间清单，例如："4点50分""8点15分""3点半""9点过5分"等。教师每次念出一个时间，首先从所有图片中找出对应时间图片或绘画的小组即赢得该轮得分。

■ **注意事项**

在学习了如何用英文表达时间之后，这个游戏可以用来作为巩固练习。

教师也可以选择将这个游戏改编为画图游戏。给学生们发放绘有空白钟表的图，然后要求学生在听到老师的报时之后，在图上画出相对应的时针、分针和秒针位置。

游戏

24

外出野餐

训练目标：听力训练、口语训练

难度等级：	分组规模：	所需时间：
1—3级	5—6人一组	10分钟

■ 素材&准备工作

教师准备一个软泡沫球。

■ 游戏目标

这是一个记忆力游戏。学生需要在重复前一个学生所说信息的基础上，添加自己想要带去野餐的其他东西。

■ 如何开展

教师在黑板上写下一句话："我要出门野餐，我要带上_____。"然后将事先准备好的泡沫球丢给一个学生，接到球的学生需要补全这个句子："我要出门野餐，我要带上苹果。"说完之后，学生可以将泡沫球丢给其他任何一个学生，接到球的学生需要首先复述前一位学生说过的信息，然后加上自己想要带去野餐的东西，例如"我要出门野餐，我要带上苹果和香蕉。"然后再将泡沫球丢给其他学生，接到球的学生，同样需要复述和添加新信息，例如"我要出门野餐，我要带上苹果、香蕉和胡萝卜。"游戏按照这个流程继续，直到学生无法记住需要复述的内容为止。

■ 注意事项

如果班级人数较多，可能需要分成几个小组同时开展这个活动，所以教师需要在教室内来回走动，帮助各个不同的小组顺利地进行游戏。

对于水平较低的学生，可以限制野餐食物的种类或数量。对于较高水平的学生，则可以不设任何限制。

游戏

25

疯狂的押韵

训练目标：听力训练、词汇训练、拼写训练

难度等级：	分组规模：	所需时间：
1—3级	3—4人一组	10—15分钟

■ 素材&准备工作

准备一份英语单词表，所有的单词应该简单且易于押韵。

■ 游戏目标

游戏的目标是让学生根据老师提供的目标词汇，提供一系列可以与之押韵的英文单词。鉴于这个游戏重点强调词汇的押韵，因此这项训练也能够同时强化学生的听力能力。

■ 如何开展

因为母语或国家文化的不同，押韵对于某些学生来说可能是一个全新的概念。因此，在游戏开始之前，教师最好能够亲身示范一下押韵的操作。教师可以在黑板上写下一个英文单词，例如bed（床），然后写出一系列可以跟这个单词押韵的其他词汇，例如bread（面包）、red（红色）和head（头）等。并告诉学生，虽然这些词汇的拼写不同，但它们的发音是基本一样的。

当教师可以确定全班学生都理解游戏的概念和玩法之后，就可以开始游戏了。告诉每个小组的学生，你将给他们规定一个词汇，然后他们需要以小组为单位，列举一系列与给定单词押韵的英语单词。教师可以在黑板上写下（或口头念出）一个新单词，然后限定每个小组在1分钟或2分钟的时限内写出其他与之押韵的单词。

■ **注意事项**

确保学生以小组为单位进行游戏，而不是每个人各自坐在位置上默默写单词。小组的成员需要共同找出和一起练习所有押韵的词汇。

对于水平较高的学生，教师不仅可以要求他们提供的单词要与给定单词押韵，还需要跟给定单词具备同样数量的音节。此外，还需要牢记的一点是，水平较低的学生可能需要教师帮助他们拼写押韵的单词。

游戏

26

听写填空

训练目标：听力训练、写作训练

难度等级：	分组规模：	所需时间：
1—3级	2—3人一组	10—15分钟

■ 素材&准备工作

选取教材中的一个对话打印出来作为资料，但可以删除对话中一些关键的词汇，如动词或介词等，具体删除的内容要取决于你们当前正在学习的语言点。此外，还需要准备该段对话的录音。

■ 游戏目标

游戏的目标是让学生猜出对话中被删除的是什么内容。

■ 如何开展

给每个学生都发放一份资料，并告诉学生，资料上对话的部分内容被做成了填空形式。要求学生分组讨论这些缺失的内容是什么。在学生完成这项任务后，将学生集中起来打乱顺序重新分组，然后要求学生与自己的新组员探讨自己在上一个小组讨论后得出的答案。之后，给全班学生播放对话的音频，学生可以检查一下自己的答案是否正确。

■ 注意事项

学生要跟组员相互交流，提出类似"你认为空格里面应该填什么"等问题。

> 对于水平更高的学生，教师可以在准备材料时有选择地删除某些特定语法表述，例如介词或a和the等冠词。

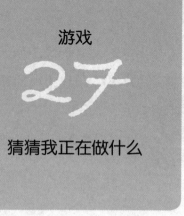

游戏

27

猜猜我正在做什么

训练目标：听力训练、口语训练、语法训练（现在进行时）

难度等级：	分组规模：	所需时间：
2—5级	4—5人一组	15—20分钟

■ 素材&准备工作

准备一套卡片，卡片上写着各种活动（shaving, cooking, studying, swimming, etc.）（例如剃须、烹饪、学习、游泳等）。每个小组都应该拿到一整套的卡片。

■ 游戏目标

游戏的目标是让学生通过聆听线索和提问来猜出自己的搭档正在描述的活动是什么。

■ 如何开展

教师在黑板上写下关键句"You are_____"（你正在_____），然后告诉学生他们需要猜测你正在做什么。假设抽到的卡片上写着"boiling eggs."（煮鸡蛋），那么你可以给学生提供这样的线索："I do this with water."（我需要用水来做这件事。）利用这个线索，学生可以结合黑板上关键句子的结构来猜测说，"You are making tea."（你正在泡茶。）教师可以回应说，"Good guess，but no."（这是个不错的想法，但是猜错了。）然后继续给出相关的线索，直到有学生猜对为止。示范完成之后，就可以给每个小组的学生分发卡片。一定要记得提醒学生，拿到第一张卡片的学生，每次只能给出一条线索，然后在每条线索之后，只能有一个学生进行猜测。正确猜出卡片上的活动之后，小组内的学生可以抽取下一张卡片，规则相同并继续游戏。

■ 注意事项

确保整个小组的学生都参与到活动中，并且确保他们都遵守了每轮对话只提供一条线索和只猜测一次的规定。

对于水平较高的学生，可以尝试提供一些更具创意和挑战性的活动，例如"开飞船"或"开潜水艇"。

游戏

28

找出句子中的语法错误

训练目标：听力训练、语法训练

难度等级：	分组规模：	所需时间：
2—5级	3—4人一组	10—15分钟

■ 素材&准备工作

根据当前教学内容的语法点，或即将学习的语法点，准备一些句子，需同时包含正确的句子和错误的句子。

■ 游戏目标

这个游戏的目标是帮助学生锻炼听力技能的同时，要求他们找出句子中的语法错误。教师先给学生念两个句子——一个正确的句子和一个存在语法错误的句子——然后学生将两个句子都听写下来，并讨论确定哪个句子是正确的，哪个句子是错误的。

■ 如何开展

告诉学生，你将要给他们念一些句子，并要求他们听写。为了确保示范的效果，每次只念一个正确的句子。

要求学生跟小组成员合作，确保自己的听写内容正确。游戏的基本思路是，每个小组应该有3到4名学生，他们应该共同协作并以小组为单位展示听写的结果。在学生准备就绪之后，游戏就可以开始了。告诉全班同学，接下来你将会给他们念两个句子，他们需要正确地听写出这两个句子。然后跟学生解释说，两个句子中有一个句子存在语法错误。在他们写下句子之后，学生们需要跟自己的小组成员一起讨论，并确定哪个句子存在语法错误。

■ 注意事项

教师要在教室内四处走动，以确保每个小组的学生都在按要求完成这项活动。学生们需要能够询问自己的组员所听到的信息。

教师也可以用这个活动来复习前面几次课教过的语法点或词汇表达等内容。

游戏

29

警察素描画像

训练目标：听力训练、口语训练（描述性形容词）

★	👤	🕐
难度等级： 2—5级	分组规模： 4人一组	所需时间： 10—15分钟

■ **素材&准备工作**

准备不同人物的照片。尽可能找具备显著面部特征的照片，例如小胡子、大胡子或眼镜等。

■ **游戏目标**

游戏的目标是让一个学生描述一个人的详细外貌特征，然后让这个同学的搭档尝试根据描述画出这个人的脸。

■ **如何开展**

先给学生分组，然后从每个小组中抽取一名学生，给其一张照片，并且要求这个同学不能向组员展示这张照片。这个学生被称为描述者。描述者需要将照片上人物的面部特征描述给组员。然后组员需要根据描述，画出被描述者的脸，就像警方根据目击者的描述画出罪犯的长相一样。当所有人都画完之后，他们需要将自己的画像展示给描述者看，描述者需要从中选出最接近原始照片的画像。被选中的画像作者就赢得一分。然后，坐在第一位描述者右手边的同学，顺延成为下一个描述者，并抽取一张新的照片开始描述。游戏按照此流程继续，直到小组内的4名成员都轮流扮演过描述者角色为止。然后小组内获得分数最高的学生，将成为本游戏的获胜者。

■ 注意事项

确保描述照片的学生提供尽可能多的详细信息。

对于水平较低的学生，教师首先要进行充分地引导和启发，然后在黑板上写下一系列关于外表描述的关键词汇来帮助他们进行描述。

游戏

30

这些话是谁说的

训练目标：听力训练、词汇训练、拼写训练

难度等级：	分组规模：	所需时间：
2—5级	4—5人一组	10分钟

■ 素材&准备工作

准备一套卡片，上面写下一些特定行业的人员才会说的话，例如 "Please show me your driver's license and insurance card." (请出示你的驾照和保险卡)，或 "Would you like fries with that?" (是否需要配一份薯条？)，或 "Stick out your tongue and say, 'Ahhh.'" (伸出你的舌头，然后说 "啊~")等。需要为每个小组都准备一整套的卡片。

■ 游戏目标

游戏的目标是让学生将这些常见的句子和表述与其对应的职业相匹配。

■ 如何开展

教师在示范这个活动时，可以先跟学生们一起头脑风暴，想出尽可能多的行业和职业，并将这些信息写在黑板上。然后，根据这些列举出来的行业或职业，给出某个特定行业或职业的从业人员可能会说的经典语言。例如，在黑板上列出Carpenter（木匠）这个职业时，教师就可以说："Please pass the hammer."（请把锤子递给我。）并引导学生找出哪个行业或职业的人员有可能会说出这样的话。一旦学生理解了游戏的规则之后，将学生进行分组，并给每个小组分发一套卡片。小组内的学生轮流抽取卡片，并大声地念出卡片上所写的句子。小组内第一个猜对所提供句子对应的行业或职业的学生将赢得该卡片。而最终获得卡片最多的学生将是此游戏的赢家。

■ 注意事项

当各个小组的学生都能够顺利地猜出各个行业或职业时，游戏就能发挥最大的效用。如果没人能够猜出某个具体的句子，可以允许学生在尝试过后跳过该卡片。

> 较高水平的学生可能不需要在游戏开始之前进行头脑风暴来列举熟知的行业或职业。

游戏

31

天气怎么样

训练目标：听力训练（与天气相关的词汇和表达）

难度等级：	分组规模：	所需时间：
3—5级	2人一组	10—15分钟

■ 素材&准备工作

课前准备一段来自网络或电台的天气预报音频。地方的天气预报音频对学生来说相关度更高，所以是更好的选择。

■ 游戏目标

游戏的目标是让学生在听天气预报的同时，把所有与天气相关的词汇和表达记录下来（clear, rainy, hot, chilly, etc.）（例如晴朗、多雨、炎热、寒冷等）。还可以要求学生同时记录与温度、风速等相关的数字。

■ 如何开展

如有必要，可以在游戏开始前，在班上先征集与天气相关的词汇（如前文所示）并将这些词汇写到黑板上。然后要求分组后的学生，根据所在城市当天的天气，写一份天气预报。这个活动会让学生思考天气预报的各项内容，例如Temperature（温度），sky condition（天空的情况），precipitation（降水），and wind（风速）等。带着全班学生复习这些内容之后，告诉学生你将要给他们播放一段天气预报的音频，他们需要写下自己听到的与天气相关的词汇和表达。这个听力训练活动可以在一天的不同时段展开，例如早间天气预报、午间天气预报、晚间天气预报、明日天气预报等，具体开展的时间可以取决于所选取的天气预报音频内容和班上学生的听力水平。

■ 注意事项

这个活动需要用到的关键表述是"What did you hear?"（你听到了什么？）以及"I heard..."（我听到的是……）。确保学生在小组内开展有效的合作，并且与其他的小组成员积极地交流自己所听到的信息。

> 对于较低水平的学生，教师可以将天气预报的原文打印出来，编写成听写填空练习，以训练学生的听力技能。

游戏

32

单词猜猜猜

训练目标：听力训练、口语训练、词汇训练

难度等级：	分组规模：	所需时间：
3—5级	4—5人一组	15—20分钟

■ 素材&准备工作

准备一些卡片，卡片上写着将要着重学习的词汇，无论是名词、动词还是形容词，都可以通过这个游戏学习。

■ 游戏目标

在游戏中，学生将写有单词的卡片贴在自己的额头上，然后通过同学们给出的描述和线索，猜出自己额头上卡片中的单词。

■ 如何开展

教师站在讲台前，告诉学生，你将要给他们展示一个单词，但是你自己并不会看这个单词。学生们需要尽可能地给你提供线索和信息，让你猜出这个单词是什么，但前提是学生们不得直接说出这个单词。我个人很喜欢用Milk（牛奶）这个词来做示范，因为这个词既好描述，也好猜。例如，学生可以给出这样的线索："It's white."（它是白色的。）"It's a drink."（它是一种饮料。）"It comes from a cow."（它来自一头奶牛。）

在示范之后，可以将学生分成4到5人一组，要求他们围坐成一圈。给每个小组都分发一沓卡片，并将所有的卡片正面朝下放在圆圈的中心。学生应该轮流抽取卡片，并贴在自己的前额上。这样就可以确保抽取卡片的学生自己看不到卡片的内容，但小组其他成员则可以看到。其他学生需要为这个学生提供与卡片单词相关的线索，让他/她可以猜出卡片上的单词。

■ 注意事项

当所有小组的学生都能够积极参与游戏并踊跃给出线索时，游戏将会取得最佳的效果。

> 对于水平较低的学生，在他们的词汇量不足以给出有效线索的时候，可以允许学生通过比划或者肢体模仿的方式来提供信息。

游戏

33

破解入场密码

训练目标：听力训练、词汇训练

难度等级：	分组规模：	所需时间：
3—5级	整个班级	10—15分钟

■ 素材&准备工作

无需在课前准备任何材料。

■ 游戏目标

在这个游戏中，学生必须通过仔细聆听其他同学的问题和答案，猜出老师给定的入场密码。

■ 如何开展

告诉学生，"老师将要开一个私人聚会。如果你带来正确的物品，你就可以来参加聚会。"但是，教师设置了一个神秘的入场密码——只有当他们的答案符合这个密码时，学生才可以参加这个派对。这个密码可以是以元音开头的单词，也可以是单个音节的单词或特定类别中的单词，如fruit（水果）或Drinks（饮料）。

假设教师将入场密码设定为单音节单词，一个学生说："我会带奶酪（cheese）来。"教师可以回答："正确，你可以来参加派对。"第二个学生说："我会带红酒（wine）来。"教师说："正确，你也可以来参加派对。"然后第三个学生说："我会带音乐（music）来。"教师回答："错误，抱歉你没办法参加我的派对啦。"这个游戏将一直持续到所有的学生都破解了入场密码并可以参加派对为止。

■ 注意事项

你可以要求学生把班上同学说的每个单词都记下来，在有些情况下，这么做能够给学生提供一些视觉线索，让他们尽快猜出入场密码。

除了以整个班级为单位开展这个游戏之外，学生们也可以两人一组来玩游戏。对于较低水平的学生而言，面对一个搭档来猜出入场密码可能更简单。

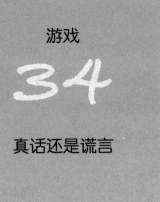

游戏

34

真话还是谎言

训练目标：听力训练、口语训练

难度等级：	分组规模：	所需时间：
3—5级	4—5人一组	15—20分钟

■ 素材&准备工作

准备一些卡片，卡片上提供一些类似于托福考试作文的话题或题目。例如："你更喜欢生活在城市还是乡村？""他们计划在镇上新建一个电影院。你是支持还是反对？"教师需要为每个小组的学生都准备一整套的卡片。

■ 游戏目标

游戏的目标是让学生通过聆听小组成员的表述，来判断他们是在撒谎还是说真话。

■ 如何开展

教师在示范时，可以抽取一张卡片，读出卡片上的话题，然后就该话题发表自己的观点。之后问学生们，他们认为你是说出了自己的真实想法还是在撒谎。并告诉学生他们需要在小组活动中重复同样的做法，所以学生们可能要呈现最佳演技才能骗过自己的小组搭档。然后给每个小组都分发一套卡片并开始游戏。小组中的一位学生先抽取卡片，读出卡片的话题，然后给出自己的观点。小组其他成员需要确定该学生给出的观点是真心话还是谎言。

■ 注意事项

确保给出观点的学生，在陈述立场时，能够提供几个支撑观点的理由或例子。

除了提供写着话题或观点信息的卡片，教师还可以给学生发放"真话卡"或"谎话卡"，并要求学生按照自己拿到的卡片，相应地表达真心话或谎言。在抽取到卡片之后，学生必须按照拿到的真话卡或谎话卡来表达真实或虚假的立场或观点。例如，学生抽到了"你更喜欢生活在城市还是乡村？"的卡片以及一张"谎话卡"。即便这个学生真实的想法是更喜欢生活在城市，自己也必须假装更喜欢生活在乡村，并给出相应的理由支持这个虚假的立场。

游戏

35

你抓住了哪些信息

训练目标：听力训练、口语训练、提问训练

难度等级：	分组规模：	所需时间：
3—5级	3—4人一组	10分钟

■ 素材&准备工作

从电视情景喜剧中截取一个片段（2到3分钟），也可以选择截取一段新闻报道。

■ 游戏目标

在这个游戏中，学生要参与集体的听力活动。游戏的目标是让学生通过提问和回答与该视频相关的问题，来交换自己听到的信息。

■ 如何开展

很多英语教材在阅读理解问题的后面都会设置一个听力任务。在这个游戏中，学生要基于他们听到的音频或观看的视频来自己编写听力理解问题。教师也可以给学生提供相关音频或视频的链接，学生可以在自己的智能手机上查看。设置一个6到7分钟的时间限制，并告诉学生他们以小组为单位，必须提供至少三个关于这个音频或视频的理解问题。当所有的小组都完成问题设置之后，要求他们向其他学生提问并回答其他学生提出的相关问题。

■ 注意事项

学生设置的问题应该涉及人物、事件、时间、地点等关键信息。

对于水平较低的学生，教师可以用一段对话或取自教材的视频来替换课外选材的音频或视频作为训练的素材。

第三部分

写作和阅读游戏

游戏

36

你能列出多少个问题

训练目标：写作训练（提问）、语法训练

难度等级：	分组规模：	所需时间：
1—4级	3人一组	20—25分钟

■ 素材&准备工作

准备一份包含20种不同名词的列表，包括names（姓名）, places（地点）, people（人物）, and dates（日期）等，例如Mozart（莫扎特）, the Amazon River（亚马孙河）, banana（香蕉）, March 10th（3月10日）等词汇。

■ 游戏目标

游戏的目标是让学生想出可以用材料上列举的单词来回答的问题，问题列举得越多越好。

■ 如何开展

给每个学生都发放一份名词列表，然后要求学生跟自己的搭档坐到一起。教师在示范游戏玩法时，可以选取清单上的一个名词，写到黑板上。例如，在黑板上写"Mozart"（莫扎特）。然后问学生，什么样的问题可以用"Mozart"（莫扎特）来回答。例如，"What is the name a famous composer starting with M?"（有一个著名的作曲家，他的名字首字母是M，他是谁？）或"Which composer wrote *The Magic Flute*?"（哪位作曲家写了《魔笛》？）或"What was Wolfgang Amadeus's last name?"（沃尔夫冈·阿马德斯的姓氏是什么？）等。示范完毕后，设置一个20分钟的时间限制，告诉学生们，他们需要为拿到手里的名词列表上的每一个词都想出尽可能多的问题。在截止时间内能够给出最多问题的小组将赢得游戏。

■ 注意事项

小组内的学生应该通力合作，以小组为单位，共同完成一张问题列表。

> 根据所处的地域和学生的文化背景，教师可以按实际情况调整列表上的词汇。

游戏

37

看图编故事

训练目标：写作训练、语法训练、词汇训练

难度等级：
1—4级

分组规模：
3人一组

所需时间：
20—25分钟

■ 素材&准备工作

准备一张奇怪或不常见的照片。例如在百度上检索"米妮背叛了米奇跟高飞在一起了"或"搞笑圣诞节合集"等，来收集素材。

■ 游戏目标

游戏的目标是让学生们根据这张奇怪或不常见的照片，编出一个原创故事。

■ 如何开展

教师在给学生示范时，可以向学生展示自己收集的一张奇怪或不常见的照片。然后提问学生"照片里的人物是谁？""他们在哪里？""他们正在干什么？"以及"你觉得，在拍这张照片之前，这些人正在干什么？"等问题。之后告诉学生你会给他们发照片让他们自己研究。给每个小组的学生发一张全新的照片，然后告诉他们，他们有15分钟的时间来写一个故事，解释这张照片的内容和情形。时间一到，就可以请各个小组的学生到讲台前向全班同学讲述他们编写的故事。

■ 注意事项

尽管学生被分成了3人或人数较少的小组共同完成任务，但每个学生都应该参与到故事的写作过程中（并且整个小组应该共同完成同一个故事），因此小组内的成员要充分地沟通。

> 对于水平较低的学生，教师可以把相关问题写在黑板上，启发学生的故事创作灵感。

游戏

38

两个事实一个谎言

训练目标：写作训练、听力训练、口语训练

难度等级：
2—5级

分组规模：
2—4人一组

所需时间：
10—15分钟

■ 素材&准备工作

课前无需准备任何材料。

■ 游戏目标

游戏的目标是让学生猜出自己的搭档给出的三个陈述中，哪一个是虚假陈述。

■ 如何开展

教师在示范游戏时，可以在黑板上写下三个句子，句子描述的都是你在上个周末做的事情。要确保三个句子中有一个句子提供的信息是虚假信息，但同时需要确保猜出另外两个句子的真假具备一定难度和挑战性。你可以告诉学生："我上周末打了网球""我为家人做了早餐"和"我吃完早餐后去遛了狗"。然后告诉学生，这三个句子中有一个句子提供的信息是假的。设置3分钟的时间限制，让学生跟他们的搭档讨论一下三个句子中哪一个句子提供了虚假信息。在学生掌握游戏的玩法之后，他们可以自己写下三个句子，展示给小组成员看，并看看自己能不能骗过小组的其他成员。

■ **注意事项**

确保学生跟小组的成员或搭档进行讨论，并最终达成一致意见，选出大家都认可的虚假陈述。

教师可以替换陈述的主题，例如聚焦于"我昨晚干了什么""我的家乡"或"我的家庭"等常见主题。

游戏

39

丛林日记

训练目标：写作训练、听力训练、口语训练

难度等级：	分组规模：	所需时间：
3—5级	2—3人一组	15—20分钟

■ **素材&准备工作**

课前无需准备任何材料。

■ **游戏目标**

游戏的目标是让学生以小组为单位，一起从野生动物、昆虫或宠物的角度来撰写日记。

■ **如何开展**

为了让学生找到正确的思路，可以先提出一些问题，了解一下学生的日常。例如，教师可以问"你早上几点醒？""那个时候的天气如何？""你那个时候是什么样的感觉，为什么会有那样的感觉？"或"你在醒来之后做了什么？"等，然后告诉学生，每个小组都需要选择一种特定的动物。它可以是任何类型的野生动物、昆虫或家养宠物。学生们的任务就是要从选定动物的视角，写一篇日记，尽可能包含他们能够想象的所有细节信息。

■ 注意事项

所有的学生都要写下日记，教师需要确保小组内的学生通力合作，通过小组讨论来决定日记或故事的发展和走向。

> 教师可以根据实际情况对游戏进行微调，可以将主角换成卡通动物或动画片里的角色，例如迪士尼童话故事里的动物或Hello Kitty等。

游戏

40

编写英文字母说唱歌曲

训练目标：写作训练、词汇训练、口语训练（语音语调）

难度等级：	分组规模：	所需时间：
3—5级	3—4人一组	20—30分钟

■ 素材&准备工作

在网络检索并下载一些说唱型背景音乐的音频，或让学生在自己的智能手机上检索类似音频。

■ 游戏目标

在这个游戏中，学生需要使用押韵技能并按照26个英文字母的顺序来编写一首说唱歌曲。

■ 如何开展

告诉学生们，他们需要利用自己的原创歌词，创作出下一首风靡全球的说唱歌曲。教师可以在黑板上写下类似的说唱音乐歌词范例：

"A可以拼出Apple（苹果），B可以写出Boy（男孩），S可以引出Super（超级），而T可以给我们Toy（玩具）。"（A spells Apple and B makes Boy, S starts Super and T gives us Toy.）然后告诉学生，他们需要按照以下三条规则，模仿前面的范例，写出自己的说唱歌词。

规则如下：

1. 以一个字母、动词或短语开头，引出一个以该字母为首字母的单词［例如：A可以拼出Apple（A spells apple）］；

2. 每行歌词中的两个单词，必须是以两个连续的英文字母作为首字母（例如A和B，S和T）；

3. 第一行歌词和第二行歌词的结尾单词必须押韵［例如：boy（男孩）和toy（玩具）］。

■ 注意事项

如果教师允许学生自己就说唱歌词选择背景音乐，那么需要确保学生花在检索背景音乐上的时间不要超过他们花在歌词编写上的时间。

> 如果说唱音乐对于你和学生来说太难或不合适，那么也可以将这个游戏变成诗歌或童谣编写的活动。这样能够确保学生依然在编写"歌词"，差别在于不再要求他们跟着背景音乐来做。

游戏

模仿苏斯博士童话故事
的无厘头押韵

训练目标：写作训练、词汇训练、口语训练（语音语调）

难度等级： 3—5级	分组规模： 3—4人一组	所需时间： 20—30分钟

■ 素材&准备工作

选取苏斯博士的童话故事《一只毛怪在我口袋里》（*A Wocket in My Pocket*）中的一页或两页作为素材。

■ 游戏目标

游戏的目标是通过让学生模仿苏斯博士的风格来写诗，以此锻炼他们在词汇、语音和发音方面的能力。

■ 如何开展

这是一个创造性的写作活动，主要的原则是模仿苏斯博士通过编造无意义的单词实现押韵的写作风格，例如："在你的basket（篮子）里有一个wasket""在你们bureau（局）里有一个nureau"或"在你的closet（橱柜）里有一个woset"等。将学生分成小组，给每个小组分配一个房间，例如bathroom（浴室）、bedroom（卧室）、kitchen（厨房）、garage（车库）等。学生们首先要列出房间里10到15种物品。例如，厨房里有sink（水槽），dishwasher（洗碗机），toaster（烤面包机）等。然后用简单的句子和毫无意义的押韵词汇，模仿苏斯博士的写作风格，例如"我在sink（水槽）里看到一个dink（吊球）；在toaster（烤面包机）里看到一个boaster（自夸的人）或在dishwasher（洗碗机）里看到一个mishmasher（捣蛋鬼）"等。

■ 注意事项

水平较低的学生可能没办法想出可以押韵的词汇。教师可以给他们传授一个非常简单的方法，就是将单词的首字母或前面几个字母替换成别的英文字母，即可得到全新的押韵词汇［例如前文中的吊球（dink）和水槽（sink）］。

对于水平较高的学生，教师可以要求他们编出更多包含押头韵的词汇或句子，例如："我在sink（水槽）里看到一个susink，在toaster（烤面包机）里看到一个toliboaster，或在dishwasher（洗碗机）里看到一个dillymasher。"

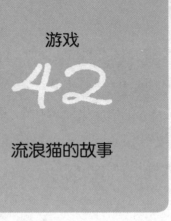

游戏

42

流浪猫的故事

训练目标：写作训练、词汇训练、语法训练

难度等级： 3—5级	分组规模： 2人一组	所需时间： 30分钟

■ **素材&准备工作**

课前无需准备任何材料。

■ **游戏目标**

游戏的目标是让学生从一只社区流浪猫的角度编写一个故事。这只流浪猫后来被人带回家收养并成了宠物。

■ **如何开展**

告诉学生，他们需要跟自己的搭档一起完成这个故事。故事的背景如下：一只流浪猫在这个街区生活很长时间了。有一天，有人发现了这只猫，并且决定把它带回家。学生们需要从流浪猫的角度出发，编写一页到两页的故事，讲一讲它被带回去之后发生了什么。教师可以给学生提供一些引导性的问题，例如"谁找到了你？""他们长什么样？""他们住在什么地方？""你的新家人是什么样的（假设收养流浪猫的不是一个人，而是一个家庭）？"以及"你现在的生活，跟你做流浪猫时候的生活相比，有什么不同？"等。

■ 注意事项

水平较低的学生尤为需要教师的引导，例如需要教师提供前文列出的线索型问题等。这些引导能够激发学生故事创作的灵感和思路。

> 对于水平较高的学生，教师可以随意地调整故事的要求或主角，例如可以将主角换成一条狗、一只兔子或猴子等野生动物。

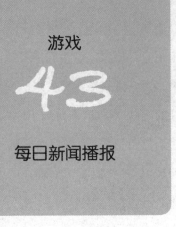

游戏

43

每日新闻播报

训练目标：写作训练、口语训练

难度等级：	分组规模：	所需时间：
3—5级	2人一组	40—60分钟

■ 素材&准备工作

准备一份资料，资料上提供一系列有趣或奇怪的新闻标题，如"有人在自家浴缸发现外星人""猫王被发现活在丛林里""大峡谷发现半人半鸟的怪物"等。如果你正好有这样一份报纸，可以给学生提供标题的同时，一并展示报纸上的照片。

■ 游戏目标

游戏的目标是让学生根据教师提供的新闻标题和图片，编写和展示一个新闻故事。

■ 如何开展

将学生分成2人一组，给每个小组的学生都提供一份资料。告诉他们，每个小组有15分钟的时间根据拿到手里的新闻标题来撰写一篇新闻故事。新闻故事的结构要遵循电视新闻广播的常见形式：播音员先介绍故事的一些基本信息，然后是现场记者报道故事的详情。每个小组的两名学生必须共同撰写故事，然后一起完成新闻播报的工作。在所有的小组都完成新闻故事的编写之后，请学生们轮流走到讲台处，坐在"新闻台"前开始向全班同学播报新闻。

■ 注意事项

确保学生编写的故事包含尽可能多的细节，包括人物、时间、地点、事件、起因以及进展等信息。

在这个游戏里，教师可以选择给每个小组发放不同的新闻标题，也可以选择给所有小组发放同一个新闻标题。

游戏

44

奇异的梦境

训练目标：写作训练、口语训练

难度等级：	分组规模：	所需时间：
3—5级	2—3人一组	20—30分钟

■ **素材&准备工作**

课前无需准备任何材料。

■ **游戏目标**

游戏的目标是让学生根据自己前一天晚上做的梦来编写一个故事。

■ **如何开展**

教师在黑板上写下如下文字："我昨晚做了一个奇怪的梦。我出现在海边的沙滩上，然后一条鱼开始直立行走，并且走出了大海。"告诉学生，这是一则描述梦境的故事的开篇。他们需要跟自己的搭档合作，完成故事剩下的部分，叙述接下来发生了什么，以及这个梦是如何结束的。每个小组有15分钟的时间来进行创作。学生们需要与搭档或小组成员合作，编写出一个完整的故事，并且每个学生都需要把故事写下来。

■ 注意事项

确保小组里的学生能够通过交谈和探讨来一起完成故事的写作，而不是每个人都埋头自顾自地写。

为了增加游戏的趣味性和挑战性，教师可以准备一份资料，上面提供不同梦境的开篇，然后给每个小组的学生指定不同的梦境。

游戏
45

拼凑出完整的对话

训练目标：阅读训练、听力训练、口语训练（寻求/提供意见/建议）

难度等级：	分组规模：	所需时间：
1—4级	2—3人一组	10—15分钟

■ 素材&准备工作

教师准备一段选自课本的对话，或一段电视节目的摘录，或一段原创的对话。确保复印件的数量足够给每个小组都提供一份。然后将资料复印件裁成纸条，每张纸条上只包含该对话的一个句子或一行。

■ 游戏目标

游戏的目标是让学生成功地按照正确的顺序，拼凑出整个对话。学生们需要以小组为单位完成这项任务。

■ 如何开展

给每个小组的学生发放一份裁成纸条的对话资料。学生首先需要阅读所有纸条的内容，所以教师可以要求小组内的学生轮流阅读。然后，所有的学生都需要共同合作，将所有的纸条按照符合逻辑的顺序，整理成一段完整的对话。教师可以选择给学生设定一个时间期限，也可以把这个游戏当成是一场竞技活动，告诉学生第一个完成对话的小组就是获胜组。游戏结束后，给学生播放对话的音频，让学生检查自己的答案。

■ 注意事项

确保小组内的学生积极地交流和讨论，而不是只安静地埋头拼凑。

对于高水平的学生，可以将他们分成两人一组进行活动。在游戏结束后，要求小组的两人进行角色扮演并在全班面前展示对话。班上的学生可以投票选出在发音、语音语调和表达方面表现得最好的小组。

游戏

46

这竟然是真的

训练目标：阅读训练、口语训练、听力训练

难度等级：
2—5级

分组规模：
3—4人一组

所需时间：
15—20分钟

■ 素材&准备工作

列出依然存在的15到20条奇怪的科学常识。教师可以在网上检索"科学常识"找到所需的资源。准备一份资料，把检索到的所有小常识的英文版本都打印出来，但从每条常识中删除一个关键词（如名词），例如，"人类全身最有力的肌肉是_____（舌头）。""在夏威夷，你睁开眼睛打喷嚏是____（不）可能的。""宇航员在太空是没法____（哭）的，因为没有地心引力。"在资料的顶部，把所有删除的词汇（打乱顺序）列举出来。

■ 游戏目标

　　游戏的目标是让学生猜出每个句子中缺失的词汇，让学生了解常识的同时也能学习词汇。

■ 如何开展

　　给每个小组都发放一份资料，然后告诉学生，他们需要以小组为单位找出每个句子缺失的词汇。他们必须向自己的搭档解释，为何他们认为这个句子缺失了某个特定词汇，并且只有在整个小组的成员都达成一致意见之后，才可以继续探讨下一个句子。在游戏结束后，教师可以给得出最多正确答案的小组奖励。

■ 注意事项

　　如果学生能够积极讨论为何他们会为某个句子选择某个特定词汇或短语，那么这个游戏就取得了预期的效果。

　　对于更高水平的学生，教师在提供资料的时候，可以不提供缺失词汇的列表。这将要求学生充分发挥想象力，自己想出应该填写哪些名词等的词汇。

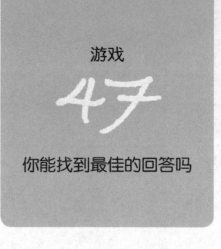

游戏

47

你能找到最佳的回答吗

训练目标：阅读训练、听力训练

难度等级：
2—5级

分组规模：
整个班级

所需时间：
10—15分钟

■ 素材&准备工作

准备一份资料，资料上列出一个人可能对其他事情或人做出反应的20个常用表达，例如："Wow! That's very kind of you!"（哇哦！谢谢你的好意！）"Thanks, but I couldn't eat another bite!"（谢谢，但是我吃不下了！）"Oh please, go ahead."（哦，没关系，您继续。）以及"It was amazing!"（这真是太棒了！）等。然后，教师给自己准备一张列表，列出能够匹配这些回应的句子。例如："Would you like some more pasta?"（你需要再加一点意面吗？）这个句子可以匹配的回答是："Thanks, but I couldn't eat another bite."（谢谢，但是我吃不下了。）

120

■ 游戏目标

游戏的目标是让学生正确地判断哪一个回应能够合理地回答教师给出的表述。

■ 如何开展

在示范游戏时，教师可以在黑板上写下三个回应句子："Nice to meet you, John"（很高兴见到你，约翰。）"My name is John"（我叫约翰。）和 "This is John."（这是约翰。）告诉学生你接下来会说一个短句，请学生判断黑板上三个回应中哪一个最恰当。教师可以说："Hi, I'm John."（你好，我是约翰。）在学生挑出最佳的回答，并掌握游戏规则之后，教师就可以将资料分发给学生。给学生几分钟时间来阅读资料上列出的20个回应，然后教师就可以开始念自己手上的陈述信息，并让学生选择最匹配的回答。

■ 注意事项

当学生能够迅速做出反应并给出最匹配的回应时，游戏就取得了预期的效果。有的时候，针对教师所说的句子，分发的资料中可能同时存在几个匹配的选项。

教师最好将学生分成2人或3人一组，这样他们可以开展讨论并以小组为单位共同找出正确的答案。

游戏

48

拼凑支离破碎的故事

训练目标：阅读训练、听力训练、口语训练

| 难度等级：3—5级 | 分组规模：3—4人一组 | 所需时间：10—15分钟 |

■ 素材&准备工作

准备三到四个短篇故事，例如《小红帽》（*Little Red Riding Hood*）、《三只小猪》（*The Three Little Pigs*）以及《杰克与魔豆》（*Jack and the Beanstalk*）等。将故事的内容裁成小纸条，每张纸条上只包含一个句子。从每个故事中抽出一个小纸条，混到另外一个故事中。这就意味着每个故事的一沓小纸条里，有一张所写的句子是不匹配的——这种替换让游戏变得更具挑战性。

■ 游戏目标

游戏的目标是让学生能够正确地将一堆打乱了顺序的句子，按照合理的逻辑重新排序，并拼凑出原始故事的脉络。

■ 如何开展

给每个小组都发放一个已经被裁成纸条的故事。小组内的每个学生都需要阅读一到两张纸条，然后将所有的纸条都放到小组前面的桌子上。之后整个小组的成员需要一起找出这些句子的正确顺序。除此之外，学生们还必须找出那个不属于这个故事的句子。进展到这一步的时候，小组的学生需要跟其他小组沟通和交流，并且交换自己手上"多余的句子"，直到所有的小组都能成功地拼凑出完整的故事。

■ 注意事项

教师可能需要在词汇方面给予学生帮助和指导，具体的指导内容及程度取决于所选故事的难度。

对于水平较低的学生，教师可以选择去掉掺杂"多余句子"这个步骤，将游戏的重点放在要求学生尽可能将所有的句子按照合理的逻辑排序，并拼凑出完整的故事上。

第四部分

词汇游戏

游戏

49

反义词配对

训练目标：词汇训练

难度等级：	分组规模：	所需时间：
1—3级	3人一组	10—15分钟

■ 素材&准备工作

准备一套卡片，卡片上写着形容词和它们的反义词（like hot，cold，big，small）（如热/冷，大/小等）及其他类型的词汇和它们的反义词（like up，down，yes，no）（如上/下、是/否等）。每张卡片上只写一个单词。每套卡片应包含36张，并且数量应该准备足够多，确保每个小组都能够拿到一套卡片。

■ 游戏目标

游戏的目标是让学生找到与手中单词对应的反义词。

■ 如何开展

给每个小组分发一套卡片，要求每个小组将卡片正面朝下放在桌子上。卡片可以分成每6张一组，6组卡片按照网格状摆放。第一位学生翻开两张卡片，并将上面的单词念出来。如果这两张卡片上的单词不是一对反义词，则卡片保持正面朝上的状态，这个学生可以继续翻开卡片。游戏继续，直到这个学生找到两张含有一对反义词的卡片为止。然后，该学生必须将所有不匹配的卡片再次翻转，正面朝下放好。然后轮到小组内第二个学生重复前述流程。等所有的卡片都被翻开后，游戏结束。

■ 注意事项

确保学生在翻转卡片的同时大声地念出卡片上的单词，而不是默不作声地玩游戏。

> 为增加游戏的难度和挑战性，教师可以告诉学生，一旦他们找到匹配的反义词后，需要用这两个词来造句——例如"Ice cream is cold, but cocoa is hot."（冰激凌是冷的，但可可饮料是热的。）

游戏

50

看图猜词

训练目标：词汇训练、拼写训练

| 难度等级：1—3级 | 分组规模：将整个班级分成两个大组 | 所需时间：10—15分钟 |

■ 素材&准备工作

准备一套卡片，每张卡片上写下一个主题和与之相关的线索。例如，第一张卡片上可以写"**主题：以字母F开头的东西。线索：** football, face, fork（足球、脸、叉子）。"第二张卡片上可以写"**主题：可以喝的东西。线索：** coffee, beer, wine（咖啡、啤酒、红酒）。"第三张卡片上可以写"**主题：你可以在厨房做的事情。线索：** cook, eat, wash dishes（烹饪、吃饭、洗碗）。"

■ 游戏目标

游戏的目标是让学生根据自己队友现场画的画来猜出一个词组或单词。

■ 如何开展

教师可以在黑板上向学生示范这个游戏。教师抽取一张卡片，把卡片上的内容念出来，例如"**主题：以字母F开头的东西。**"

然后在白板上画一张脸，引导学生讲出"face"（脸）这个单词。在学生掌握游戏的规则之后，游戏可以开始。先将整个班级分成两个大组。要求每个小组先选出一名学生来画画，然后基于看图猜词的结果决定哪个小组先开始游戏。给学生一张卡片，让其念出卡片上的主题，选择一个符合该主题的词汇，然后在白板上画一幅画。如果该学生所在的小组能够猜出图画指示的单词，则该组获得一分。然后该组可以选出另外一个学生继续画下一幅画。如果是另外一个小组首先猜出图画指示的词汇，则此小组获得一分并且获得画下一幅画的权利。

■ 注意事项

鼓励所有的学生积极参与游戏并努力猜出图画指示的词汇。

如果班级学生人数太多，那么可以尝试将学生分成四组，每两组同时进行游戏，但前提是需要确保教室里能够同时提供两块白板。

游戏

51

匹配不同国家的
官方语言

训练目标：词汇训练、拼写训练、听力训练

难度等级：	分组规模：	所需时间：
1—3级	3—4人一组	10—15分钟

■ **素材&准备工作**

　　准备一张列表，上面列举出不同的国家及它们的官方语言，例如：西班牙/西班牙语，俄罗斯/俄语等。

■ **游戏目标**

　　游戏的目标是锻炼学生关于国家的词汇量（名词）以及它们对应的官方语言（形容词）。

■ **如何开展**

　　教师需要首先示范游戏。先询问学生他们现在身处哪个国家，然后将国家的名称写在黑板上。之后问学生，这个国家说什么语言，得到答案后将语言的单词也写到黑板上。告诉学生，接下来你将会念出某个国家的名字或某个国家的官方语言，然后学生需要跟自己的搭档合作，给出该国家对应的官方语言或该国家的名称。在学生给出答案的同时，需要把答案拼读出来。最先给出正确答案的小组将得分。

■ 注意事项

小组内的所有学生必须在达成一致意见之后，才能够以小组为单位给出答案。

要牢记，一些国家和官方语言的表述及词汇会存在特殊情况。例如，巴西和葡萄牙的语言都是葡萄牙语，而荷兰国家全称为The Kingdom of the Netherlands，南荷兰省+北荷兰省=Holland，荷兰语为Dutch，荷兰人为The Netherlands。

游戏

52

给疑问词找答案

训练目标：词汇训练（疑问词）、拼写训练

难度等级： 1—3级	分组规模： 整个班级	所需时间： 10—15分钟

■ 素材&准备工作

准备两套卡片，卡片上随机分配一些以what、how、when等疑问词开头的问句。在其中一套卡片上写着疑问词，在另外一套卡片上写着问句的后半部分信息。例如：在其中一张卡上写着"What"，在另外一张卡上写"color is a lemon?"（柠檬的颜色）；在其中一张卡片上写"How"，在另外一张卡片上写"many students are in this class?"（教室里的学生人数）；或在一张卡片上写"When"，并在另外一张卡片上写"was the Internet invented?"（互联网的发明）；等等。制作足够多的卡片，以确保每个学生都能够从第一套或第二套卡片中拿到两张卡片。

■ 游戏目标

在这个游戏中，每个学生都能够拿到包含了部分信息的卡片，他们的目标就是找到另外一个拿着匹配信息卡片的同学。

■ 如何开展

将全班学生分成两个大组。给第一小组的每个学生发放两张包含疑问词信息的卡片，并给第二小组的每个学生发放两张包含剩余部分信息的卡片。然后，开始自由交流模式。学生需要在教室里四处走动，跟其他学生交流，以找出那个提供的信息与自己手上卡片匹配的同学。最先找到全部信息的小组将赢得游戏。

■ 注意事项

为了找到匹配的信息卡片，学生需要相互提问，而不能展示自己手中的卡片。

对于较高水平的学生，教师可以要求他们在找到问题的答案之后，将正确的答案写到自己的问题卡片上。

游戏

53

单数还是复数

训练目标：词汇训练

难度等级：	分组规模：	所需时间：
1—3级	2—3人一组	10分钟

■ 素材&准备工作

准备一份资料，资料上提供下列名词的单数和复数形式及图示，例如：cactus/cacti（仙人掌）、child/children（儿童）、fish/fish（鱼）、foot/feet（脚）、goose/geese（鹅）、man/men（男人）、mouse/mice（老鼠）、person/people（人）、shrimp/shrimp（虾）、tooth/teeth（牙齿）、trout/trout（鳟鱼）和woman/women（女人）等。

■ 游戏目标

游戏的目标是让学生正确地识别和书写资料中提供的不规则名词的单数和复数形式。

■ **如何开展**

给每个学生都分发一份带有插图的资料，要求学生分成两人或三人一组并坐在一起。在示范游戏玩法时，教师可以在黑板上画一个简笔画，然后在下面再画出一组简笔画。在每幅画的边上各标注一个字母P。引导学生得出person和people两个词。然后告诉学生，他们需要以小组为单位，根据资料上的插图，给出相对应名词的单数和复数形式。最先完成的小组将赢得游戏。

■ **注意事项**

水平较低的学生可能需要教师提供一份资料图示对应的名词列表，才能够顺利地完成游戏。

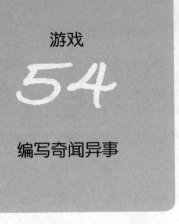

游戏

54

编写奇闻异事

训练目标：词汇训练（词性）、拼写训练

难度等级：	分组规模：	所需时间：
1—3级	3—4人一组	10—15分钟

■ 素材&准备工作

　　准备两份资料。第1页是一个故事，例如童话故事等，但需要包含各种类型的词汇（名词、动词、副词、形容词、时间词汇等），且这些词汇都从原文中删除并留白。在第2页中，列出一系列空格，让学生判断空格里应该填写什么类型的词汇（名词、动词、副词、形容词、时间词汇等）。第2页列出的空格数量应该跟第1页中被留白的数量相同。

■ 游戏目标

　　这个游戏能够让学生在阅读一个有趣故事的同时，通过完型填空练习来掌握不同词汇的词性。

■ 如何开展

给每个学生都发放第2页的资料。他们需要独立完成这部分的填空练习，在空格内填入自己能想到的恰当词汇（名词、动词、副词、形容词、时间词汇等）。学生完成之后，给每个小组发放一份故事材料。学生们可以轮流阅读故事，在阅读的同时从自己手上的列表中选择单词填入原文。在所有的学生都阅读完毕后，小组成员可以投票选出组内最好或最有趣的故事。

■ 注意事项

鼓励学生尽可能使用多样化的词汇，尤其是形容词和副词。

对于水平较低的学生，教师发放的资料（第2页）可以包含一份由教师提供的名词、动词、副词、形容词、时间词汇等列表，供学生从中选择，而不用学生自己设想词汇。

游戏

55

语音专项训练

训练目标：词汇训练、拼写训练

| 难度等级：
1—4级 | 分组规模：
3—4人一组 | 所需时间：
10—15分钟 |

■ 素材&准备工作

准备一张单词列表，列表上的单词应该包含不同的发音组合，例如 cat（猫）、put（放）和apple（苹果）等。

■ 游戏目标

游戏的目标是让学生以教师提供的案例为标准，给出一系列具备同样发音组合的单词。

■ 如何开展

在示范游戏时，教师可以从词汇列表中选出一个单词写在黑板上，例如cat（猫），然后圈出这个单词的发音组合。告诉每个小组的学生，他们有一分钟的时间来列举与被圈出的单词发音组合相同的单词，数量越多越好，例如bat（蝙蝠）或attic（阁楼）等。在一分钟后给出单词最多的小组赢得本轮游戏。然后可以选出下一个单词，重复前述游戏流程。

■ **注意事项**

确保学生大声地说出自己能够想到的单词，而不是沉默地埋头苦写。

如有兴趣，教师也可以将这个游戏变成押韵游戏。这就意味着学生给出的一系列单词必须能够与教师给出的范例押上尾韵。

游戏

56

最佳搭配

训练目标：词汇训练（词语搭配）、听力训练

难度等级：	分组规模：	所需时间：
1—4级	3—4人一组	10—15分钟

■ 素材&准备工作

准备一张名词的列表。这些词汇可以是相类似的名词（如水果类或动物类名词）或随机抽取的名词（apple，desk，mountain）（如苹果、桌子、山峰等）。

■ 游戏目标

这是一个词汇配对游戏，主要是匹配名词和形容词。游戏的目标是让学生想出可以与某个特定名词进行组合或搭配的形容词。

■ 如何开展

从列表中选出第一个名词并将它写到黑板上。各个小组的学生以小组为单位，列举可以与这个特定名词进行合理搭配的形容词，数量越多越好。但前提是二者的搭配需要具有逻辑意义。例如，如果给出的名词是"cat"（猫），那么"black（黑色的）、cute（可爱的）、hungry（饥饿的）"等形容词都可以与之搭配，但"square（方形的）、hard（坚硬的）、hard-working（努力工作的）"就是不合适的形容词。能够给出数量最多且搭配合理的形容词的小组赢得本轮游戏。为了增加游戏的趣味性和挑战性，教师可以设定时间限制。

■ 注意事项

确保学生以小组为单位，共同给出形容词的列表。学生们需要写出形容词+名词的搭配组合，例如"black cat"（黑色的猫），而不是仅仅写出自己想到的形容词。

每个小组都可以为每一轮游戏安排一位不同的学生作为小组的记录员。为了增加游戏的趣味性，教师可以自行决定是否认可学生给出的一些奇怪或有趣的组合，例如"delicious cat"（美味的猫）或"dangerous banana"（危险的香蕉）等。

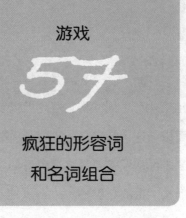

游戏

疯狂的形容词
和名词组合

训练目标：词汇训练（形容词和名词）、**语法训练**

难度等级：	分组规模：	所需时间：
2—4级	3—4人一组	10—15分钟

■ 素材&准备工作

准备两套卡片。第一套卡片用蓝色墨水写上不同的形容词。这些形容词必须都是描述性的形容词，例如hard（坚硬的）、soft（柔软的）、pretty（漂亮的）、dry（干燥的）和wet（湿润的）等。需要为每个小组的学生准备20张这样的形容词卡片。第二组卡片上用绿色墨水写着不同的名词，名词应该都是关于物品、动物或食物等具体事物的名词。需要为每个小组准备至少5张名词卡片。

■ 游戏目标

游戏的目标是让学生发挥想象力，给出尽可能多的形容词和名词的组合。例如，"green egg"（绿色的蛋）"flat cat"（扁平的猫）或 "delicious car"（美味的车子）等。

■ 如何开展

给每个小组的学生发放一套形容词卡片和一套名词卡片，并选择一名组员作为发卡员。发卡员给每个小组成员都发放5张形容词卡片，然后翻开一张名词卡片，将卡片上的名词展示给所有组员看。剩下的组员必须从自己手上的5张形容词卡片中选出一张来，与名词卡片搭配。然后需要用自己的形容词+名词组合进行造句。例如，发卡员翻开的名词卡片是 "Car"（车子），而一名组员选择了 "delicious"（美味的）这个形容词来搭配，那么其可能给出的句子是："We made a cake in the shape of a car. It was the most delicious car in the world."（我们做了一个汽车造型的蛋糕。这是世界上最美味的车子。）小组成员投票选出的最有创意的形容词+名词组合将赢得该轮游戏，并可以将这两张卡片收入囊中。发卡员继续翻开下一张名词卡，游戏继续。在游戏结束时，手上拿到卡片最多的学生就是游戏的赢家。

■ 注意事项

只有当学生能够利用自己给出的形容词+名词组合进行造句时，游戏才能够取得最佳的预期效果。

对于高水平的学生，教师可以利用这个游戏来进行分词和形容词的训练，例如bored/boring（无聊的）、amused/amusing（有趣的）等。

游戏

58

猜猜我手里是什么词

训练目标：词汇训练、口语训练、听力训练

| 难度等级：2—4级 | 分组规模：4—5人一组 | 所需时间：20分钟 |

■ 素材&准备工作

这个游戏可以让学生们好好复习词汇。例如，occupations（职业）、fruit（水果）、animals（动物）、colors（颜色）等类别的词汇。准备一套卡片，每张卡片上写着一个属于前述类别的单词。需要为每个小组都准备一整套的卡片。

■ 游戏目标

游戏的目标是让学生通过提出简单的答是或否的问题，来猜出同学手中卡片上写的单词。

■ 如何开展

在示范游戏玩法时，教师可以抽取一张卡片。假设卡片上的单词是 "waiter"（服务员），那么教师可以说，"同学们可以通过向我提问来猜我手中卡片上的单词。但是不管你们提出什么样的问题，我都只可以回答是或者否。这个单词属于职业类别。"然后允许学生向你提出答是或否的问题，例如："Do you work outside?"（你是在户外工作吗？）"Do you need any tools to do your job?"（你的工作是否需要用到工具？）"Do you do your job alone?"（你是否是一个人完成工作的？）一旦学生猜出这个单词后，就可以开始游戏了。要求学生跟自己的搭档坐到一起，并给每个小组分发一套卡片。一个学生抽取一张卡片，然后告诉小组成员，卡片上的单词属于什么类别。其他学生则通过提出答是或否的问题来试图猜出卡片上写的是什么单词。猜出正确答案的学生可以成为下一个抽取卡片的人。

■ 注意事项

确保学生只能提出答是或否的问题。当学生能够顺利地猜出几张卡片的单词时，游戏就取得了预期的效果。

> 为了确保卡片词汇和内容的多样性，教师也可以选择在所有卡片上都写上来自同一个类别的词汇，例如全部词汇都与职业有关。这样可以充分挖掘某个特定行业的词汇量。

游戏

59

骰子定词

训练目标：词汇训练、拼写训练

难度等级：	分组规模：	所需时间：
2—5级	3—4人一组	10—15分钟

■ 素材&准备工作

提供一组英文字母骰子（或者可以在智能手机上找到很多免费的英文字母骰子应用程序）。此外，还需要准备一份备用的词汇分类列表，例如fruit（水果类）、animals（动物类）、foods（食物类）、veggies（蔬菜类）、sports（体育运动类）等。

■ 游戏目标

游戏的目标就是让学生以小组为单位，给出尽可能多以某个特定字母开头且属于某个特定词汇类别的单词。

■ 如何开展

教师在示范游戏时，可以在黑板上写下一个词汇类别，例如"动物类"。然后投掷骰子，并将最后得到的字母写在黑板上，例如字母F。要求学生开始思考有哪些动物的名字是以字母F开头的，例如frog（青蛙）、fish（鱼）、ferret（雪貂）等。一旦学生掌握规则和玩法之后，就告诉学生他们需要分组合作。各组自己选择成员在小组内投掷骰子，然后以得到的字母为首字母，给出尽可能多的单词（词汇的类别已经事先选定）。教师可为每轮游戏设置一个适当的时长限制，例如一分钟或两分钟。在时间到时给出最多单词的小组将获得该轮得分。然后可以选择一个新的词汇类别，继续游戏。

■ 注意事项

只有当小组内的学生们彼此交流，讨论各自想到的词汇而不是每个人默默埋头苦写时，游戏才能够取得预期的效果。

对于水平较低的学生，教师可以投掷两次骰子，得到两个字母分别作为首字母，这样可以确保学生更易于给出更多的单词。

游戏

60

重讲童话故事

训练目标：词汇训练、语法训练、听力训练、口语训练

难度等级：   分组规模：   所需时间：

3—5级   3—4人一组   20—30分钟

■ 素材&准备工作

准备一则简短的童话故事，例如《小红帽》（*Little Red Riding Hood*）等。这个故事至少要有三个以上的角色。教师需要为每个学生都准备一份故事的打印稿。

■ 游戏目标

游戏的目标是让学生通过合作和讨论，以童话故事中某个角色的口吻，重新讲述这个童话故事。我个人很喜欢选用童话故事来开展这个活动，那是因为大多数学生对故事的情节和人物都比较熟悉。

148

■ 如何开展

给每个学生发放一份童话故事的打印稿，并给每个小组指定一个角色。例如，小组1的角色是小红帽，小组2的角色是大灰狼，小组3的角色是奶奶，等等。给学生几分钟通读整个故事。告诉学生，他们需要以小组为单位，从自己小组给定角色的角度，重新编写这个童话故事。教师可以为学生提供下列开场白，帮助学生顺利开篇。例如：

1. 小红帽："Last Saturday I decided to take a walk through the woods to visit my grandmother."（上周六，我决定穿过森林，去探望奶奶。）

2. 大灰狼："Last Saturday I was walking through the woods and feeling pretty hungry."（上周六，我正在森林里四处走动，而且我饿坏了。）

3. 奶奶："Last Saturday I was relaxing in my bed recovering from a bad cold."（上周六，我正在床上休息，因为我得了严重的感冒。）

■ 注意事项

教师可能需要给学生提供一些灵感方面的建议，例如可以问学生："小红帽决定给奶奶带什么东西？""大灰狼周末的时候一般喜欢干什么？"

> 我告诉学生，他们可以把这个故事想象成一个动画片，这样他们就可以给自己的角色增加更多的细节信息。

游戏

61

最有意思的答案

训练目标：词汇训练、听力训练、口语训练

难度等级： 3—5级

分组规模： 4—5人一组

所需时间： 15—20分钟

■ 素材&准备工作

准备两套卡片。第一套卡片上写着不同的问题，例如："What did I eat for dinner last night?"（我昨天晚餐吃了什么？）或不同的陈述句，例如："That shop has too many _____."（那个商店有太多_____。）教师需要为每个小组准备至少20张类似的卡片。另外一套卡片则提供不同的名词（单词或词组均可），例如：dogs（狗）、pink balloons（粉色气球）、pencils（铅笔）等。教师同样需要为每个小组准备至少20张类似卡片。

■ 游戏目标

游戏的目标是让学生选出可以回答卡片上问题或填入卡片空白处的

最有趣的词汇或词组。

■ 如何开展

　　每个小组的学生拿到卡片后，将所有问题/陈述卡片正面朝下，放在小组成员中间的桌子上。然后给每个小组成员发放4到5张名词卡片。选出一个小组成员优先抽取一张问题/陈述卡片，并将卡片上的内容大声地读出来。其他学生则从自己手上的名词卡片中选择一张自己认为可以凑成最搞笑的答案或陈述的卡片。抽取问题/陈述卡片的学生，从所有名词卡中选出自己认为最搞笑的一张卡片，把这个最"搞笑的"名词填入陈述句，或作为问题的回答念出来。等小组里的笑声停歇之后，抽取卡片的学生可以将这张问题/陈述卡片递给提供了最搞笑答案的学生。然后轮到下一个同学抽取卡片，游戏继续。在游戏结束时，手上拿到的问题/陈述卡片数量最多的学生则成为游戏的赢家。

■ 注意事项

　　当小组里的学生们在乐不可支的同时，能够充分发挥自己的想象力去回答问题或完成陈述句填空时，游戏就取得了预期的效果。

> 为挑战更高水平的学生，教师可以在词汇卡上提供更高阶的词汇。

游戏

62

猜猜我的秘密

训练目标：词汇训练、拼写训练

难度等级：	分组规模：	所需时间：
3—5级	4—5人一组	10—15分钟

■ 素材&准备工作

准备一套卡片，每张卡片上都写着一个有趣或奇怪的"secret"（秘密），例如："I fell asleep in my last English class."（我在上一次英语课上睡着了。）"I gave my teacher an apple with a worm in it."（我给了老师一个有虫子的苹果。）"I'm an accordion player."（我是一名手风琴演奏家。）等。教师需要为每个学生都准备这样一套卡片。

■ 游戏目标

游戏的目标是让学生通过提出简单的答是或否的问题，来猜出同学手上的"秘密"是什么。

■ 如何开展

为了确保实现最大的乐趣和互动，可以将学生分成4到5人一组进行游戏。教师给每个小组分发一套卡片，正面朝下放好。小组选出一个学生承担组织者的角色：他/她抽取一张卡片，但是不能向其他组员展示。其他成员则轮流向这个同学提出简单的答是或否的问题，来猜测其手上的秘密是什么。提问的学生可以一直提出问题，直到持有秘密卡的人给出"否"作为回答。然后就轮到下一个学生提问。成功猜出秘密的学生将成为该轮游戏的赢家。每轮游戏持续的时间最好不要超过4到5分钟，如果到了时间了还是没有人猜出秘密是什么，持有秘密卡片的学生可以揭开秘密，然后轮到下一个学生重新抽取秘密卡片，游戏继续。

■ 注意事项

确保学生只能够提出简单的是非问题，这是保证游戏效果的关键。

教师可以根据学生的水平和兴趣，随意地调整"秘密"的类型和内容。

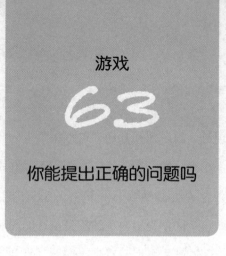

游戏

63

你能提出正确的问题吗

训练目标：词汇训练、提问训练

难度等级：	分组规模：	所需时间：
3—5级	4—5人一组	10分钟

■ 素材&准备工作

准备一张词汇列表，这些词汇必须是在本节课或最近上周内学习过的词汇。

■ 游戏目标

游戏的目标是通过新颖有趣的方式来复习学习过的词汇。

■ 如何开展

这是一个类似于知识抢答型的游戏，一般用于课程结束时，用来检测学生对此次课程所学词汇的掌握程度和学习效果。教师需要首先示范游戏的玩法。教师在黑板上写下一个学过的词汇。学生需要根据这个词汇，提出一个可以用该词汇回答的问题或陈述句。例如，教师在黑板上写下"bored"（无聊的）这个单词，学生们就必须想出类似"How I feel when I watch golf on TV."（我在看电视上的高尔夫球节目时，是什么感觉？）等问题或陈述。最先说出能够用该词汇来回答的问题或陈述句的小组，将赢得该轮游戏。

■ 注意事项

监督每个小组的动态，确保所有学生都积极参与，并积极讨论，进而以小组为单位提出正确的答案。

> 如有兴趣，教师可以针对特定的词汇或单词、短语动词，甚至是固定搭配来开展这项游戏。

第五部分

拼写和数字游戏

游戏

64

同音异义词你选对了吗

训练目标：拼写训练、词汇训练

难度等级：	分组规模：	所需时间：
1—3级	3—4人一组	10—15分钟

■ 素材&准备工作

准备一份带有插图的资料，资料上提供的是一系列拼写和含义不同的同音词列表，例如刹车/休息（brake/break）、谷物/连续（cereal/serial）、流感/飞行（flu/flew）、介词for/四（for/four）、犯规/家禽（foul/fowl）、头发/野兔（hair/hare）、治愈/脚跟（heal/heel）、邮件/男性（mail/male）、未成年人/矿工（minor/miner）、和平/件（peace/piece）、主要/原则（principal/principle）、红色/读（red/read）、固定/文具（stationary/stationery）、通过/扔（through/threw）、脚趾/丝束（toe/tow）、腰/废物（waist/waste）、哪里/器皿/磨损（where/ware/wear）和木材/将（wood/would）等。在每张插图的下方写上对应的同音异义词。确保班上每个小组的学生都

能够拿到一份资料。

■ 游戏目标

活动侧重于同音异义词的辨析。这对于英文作为外语的学习者来说非常棘手，因为这些词听起来相似，但拼写和意义却完全不同。教师课前准备的资料展示了英文中常见的同音异义词，并且为了帮助学生更好地辨析词汇，为每组词都配上了对应的图片。

■ 如何开展

教师在黑板上写出下面两个句子："This is the book I read last night（这是我昨天晚上读的那本书）"和"The colors of a stop sign are white and red（停车标识的颜色是白色和红色）"。之后要求学生把两个句子大声读出来。然后教师分别圈出两个句子中的read和red，要求学生大声读出这两个单词。并告诉他们，read和red就是同音异义词。并将术语homonyms（同音异义词）写到黑板上。然后给每个小组的学生分发同音异义词的词汇列表。告诉学生他们需要仔细浏览每张图片及给出的对应一组同音异义词。学生需要以小组为单位，选择符合图片的同音异义词并圈出来。正确率最高的小组将赢得游戏。

■ 注意事项

对于水平较低的学生，如果教师察觉到学生在词汇辨析方面存在困难，那么可以允许他们使用英文词典。

游戏

65

词汇列举大比拼

训练目标：拼写训练、词汇训练

难度等级：	分组规模：	所需时间：
1—3级	3—4人一组	10—15分钟

■ **素材&准备工作**

准备一些卡片，在卡片上列出英文字母的常见组合，例如th、nt、ly和er等。确保准备足够多的卡片，可以给每个小组都发放不同类型的卡片。

■ **游戏目标**

游戏的目标是让学生根据老师所给的常见英文字母组合，列举出尽可能多的单词。

■ 如何开展

给每个小组发放一张卡片。告诉学生他们有两分钟的时间来写单词。他们写的单词必须包含教师发下来的卡片上指定的英文字母组合。规定时间一到，所有小组都必须停下笔，并且将自己的卡片传给下一个小组。然后教师再设定一个两分钟的时间限制。重复这个流程，直到所有的小组都按照每一张卡片给定的字母组合，列举出尽可能多的单词。在全部的游戏结束之后，能够提供最多单词的小组即成为赢家。

■ 注意事项

教师需要确保小组内的学生保持沟通和交流，以小组为单位来共同完成单词列举，而不是各自沉默坐着默写单词。

> 教师可以根据实际情况替换卡片上的字母组合。你可以将选写的字母组合写到卡片上，例如tt、pp、rr、ee等，或提供一些三个字母的组合，而不是局限于两个字母，例如rst等。

游戏
66

一头善良的大象

训练目标：拼写训练、词汇训练

难度等级：	分组规模：	所需时间：
1—5级	3—4人一组	10—15分钟

■ **素材&准备工作**

课前无需准备任何材料。

■ **游戏目标**

游戏的目标是通过选取一个句子里的字母来形成新的单词。较高水平的学生应该通过选取字母来构成新的句子，而不仅仅是新单词。除了帮助学生复习那些他们曾经学过，但在日常生活中不常用的词汇之外，这个游戏还能够帮助学生拼写那些对于英语作为外语的学生来说相对奇怪或怪异的英文词汇。

■ 如何开展

A kind elephant at the Zoo ate very interesting peanuts.（动物园里的一头大象吃了非常有趣的花生。）对于低水平的学生，教师可以说这个句子里隐藏着很多单词。然后圈出这个句子里的一些字母，并将这些字母拼凑成一个句子里没有出现的新单词。例如，教师可以圈出A、l、p、e和p，并得到单词Apple（苹果）。写完之后，教师可以对学生说，"现在轮到你们了。你能够从这个句子里面找出多少个新单词呢？跟你的搭档合作一起来找吧，你们有10分钟的时间。"

对于水平较高的学生，教师可以告诉他们，在这个句子里隐藏着很多的单词，而这些单词还可以组成全新的句子。教师可以指着原句中的字母，并写下句子：Apes play tennis（猿人会打网球）。然后对学生说："现在轮到你们了。你能够从这个句子里找出多少个新句子呢？跟你的搭档一起合作来找吧，你们有15分钟的时间。"

规定时间到了之后，要求每个小组向全班同学展示他们找到的一到两个单词或句子。

■ 注意事项

确保学生之间的相互交流和沟通。教师可以通过在黑板上写出一些关键短语来促进师生和生生之间的沟通和互动，例如："我找到了Apes这个词，你们找到了什么？"

　　教师可以随意替换需要写到黑板上的关键句子，前提是要确保替换后的句子包含足够多的英文字母。教师可以通过限制字母重复出现的次数来增加这个游戏的难度。例如，在前文给出的句子里，字母p出现了两次，字母t出现了数次，但字母g只出现了一次，因此学生可以给出Apple这个新单词，但不能给出giggle这个单词，因为新单词中某个字母出现的次数需要受到原句中该字母出现次数的限制。

游戏

67

2个首字母和
2个尾字母造词游戏

训练目标：拼写训练、词汇训练

★	👤	🕐
难度等级： 1—5级	分组规模： 3—4人一组	所需时间： 10—15分钟

■ **素材&准备工作**

课前无需准备任何材料。

■ **游戏目标**

游戏的目标是让学生根据教师在黑板上写的单词的最前面或最后面的两个字母，来列举尽可能多的单词。

■ **如何开展**

教师在示范游戏玩法时，可以请学生给出一个动物的名字，例如，tiger（老虎）。然后将最后两个字母圈出来，并要求学生大声喊出以er这两个字母开头或结尾的单词，并且在学生喊出单词后将单词写到黑板上。在学生掌握游戏的玩法之后，就可以开始分组进行游戏了。这一次，教师将lion（狮子）这个词写到黑板上，学生以小组为单位，给出尽可能多的以on这两个字母作为开头或结尾的单词，例如only（仅仅）或passion（热情）等。教师可以设置一分钟的时间限制。规定时间到了之后，给出最多正确单词的小组获胜。

■ 注意事项

对于学生来说，这应该是一个强调小组内部沟通的互动型活动，因此教师需要确保小组内的学生积极互动，而不是各自低头默写单词。

为了增加游戏的难度，教师可以调整游戏规则，例如告诉学生，他们可以选择用给定单词的开头两个字母或结尾两个字母来造词。例如，假设给定的单词为lion，那么学生给出的单词必须开头是li（如live、lip等）或是以on结尾的单词，例如station。

游戏

68

编写搞笑的绕口令

训练目标：拼写训练、词汇训练

难度等级：	分组规模：	所需时间：
2—5级	3—4人一组	10—15分钟

■ 素材&准备工作

准备一份资料，资料上提供一系列需要学生练习的含有容易混淆的发音组合的单词，例如seat/sheet（座位/床单）、sore/shore（疼痛/岸）、sip/ship（啜/船）、sign/shine（签署/照射）、sort/short（排序/短）、suit/shoot（适合/射击）、save/shave（保存/刮胡子）、gas/gash（气体/大而深的伤口）、mess/mesh（混乱/网眼）、mass/mash（民众/饲料）、fist/fished（拳头/捕捞）、last/lashed（最后/鞭打）、sock/shock（短袜/震惊）和sea/she（海洋/她）。

■ 游戏目标

游戏的目标是让学生自己编出一个原创的绕口令来练习容易混淆的

发音组合。

■ 如何开展

类似She sells seashells by the seashore（她在海边卖贝壳）这样的绕口令能够很好地训练学生对于容易混淆的发音组合的辨析能力。在这个游戏中，学生以小组为单位，比赛编写原创的绕口令。给每个小组都发放一份资料，并设置一个时间限制，例如10分钟。告诉每个小组，他们需要以小组为单位编写绕口令，且需要用到所发放的资料上提供的容易混淆的最小发音组合。当然，学生可以添加其他的词汇来凑成绕口令。给在原创绕口令中包含了最多数量和类型的容易混淆的发音组合的小组加一分（或提供更具吸引力的奖励或肯定）。

■ 注意事项

学生在编写绕口令的过程中，可能需要教师指导他们找到易混淆发音组合之间的连接词，因此教师需要在教室里四处走动，并在需要的时候提供帮助。学生在完成绕口令的编写之后，需要朗读自己的最终成果。

在绕口令编写活动完成后，要求每个小组选派一名代表走到讲台前，向全班学生大声朗诵他们编写的绕口令。

游戏

69

可以构成反义词的前缀

训练目标：拼写训练、词汇训练

难度等级：
3—5级

分组规模：
3—4人一组

所需时间：
10—15分钟

■ 素材&准备工作

准备一份资料，资料上列出一系列可以加在形容词前面并形成反义词的前缀，例如dis-、il-、im-、in-、ir-和un-等。

■ 游戏目标

游戏的目标是将学生分成小组后，让学生给出尽可能多的加上上述前缀形成反义词的形容词。

■ 如何开展

给每个学生都发放一份资料。将学生分成3人或4人的小组。教师在黑板上写下dis-、il-、im-、in-、ir-和un-等前缀，然后引导学生给出能够在加上这些前缀后变成反义词的形容词。示范完毕后告诉学生，他们需要跟自己的小组成员合作，选取一个前缀，并列举尽可能多的在加上该前缀之后可以变成反义词的形容词。能够正确给出数量最多的加前缀变成反义词的形容词的小组将赢得游戏。

■ 注意事项

有些学生可能不太确定哪些词可以用il-，哪些词可以用ir-，或什么时候用im-，什么时候用in-，教师需要在这方面提供帮助。

> 对于水平较高的学生，你可以要求学生在给出单词后，用给出的单词进行造句练习。

游戏

70

后缀编词大挑战

训练目标：拼写训练、词汇训练

| 难度等级： | 分组规模： | 所需时间： |
| 3—5级 | 2—3人一组 | 10分钟 |

■ **素材&准备工作**

课前无需准备任何材料。

■ **游戏目标**

游戏的目标是让学生根据给定的一组后缀，给出尽可能多的符合要求的单词。

■ **如何开展**

教师在黑板上写下一组词汇的后缀，例如–able、–full、–ment、–sion、–tion和–ive等。在示范游戏玩法时，教师可以要求学生们给出以前述后缀结尾的单词，并将学生给出的词汇写到黑板上。然后告诉学生，他们需要以小组为单位，给出尽可能多的以前述后缀结尾的单词，他们有10分钟的时间加以列举，给出最多正确单词的小组将获胜。

■ 注意事项

水平较低的学生可能需要教师的帮助，才能够理解以–sion结尾的单词和以–tion结尾的单词在拼写方面的差异。

根据学生英语水平的实际情况，教师可以将本游戏的词汇限制为仅可以使用某一个或特定种类的后缀，或仅可以列出名词或形容词等，以增加游戏的难度和趣味性。

游戏

71

大声说出数字

训练目标：数字训练（较大数字）、口语训练

难度等级：
1—3级

分组规模：
5—6人一组

所需时间：
5—10分钟

■ **素材&准备工作**

准备5个或6个超大的泡沫骰子或在平板电脑上下载一个可以随机生成数字的应用程序（例如随机数字生成器，Random Number Generator）。

■ **游戏目标**

游戏的目标是比赛哪个小组能够在骰子或数字生成器给出数字的时候，第一个正确地将数字用英文喊出来。

■ **如何开展**

虽然用巨大的泡沫骰子来玩这个游戏的效果更好，因为趣味性更强，但使用平板电脑上的随机数字生成器也可以达到同样的训练目的。投掷4到5次骰子，每一次得到的数字就代表一个数位。所以，假设教师投掷出了3、4、1三个数字，那么学生就应该喊出"341（Three hundred forty-one）"。最先喊出正确数字的小组将获得一分。游戏一直持续到某个小组获得20分为止。

■ 注意事项

教师可以站在讲台处监督整个游戏的过程，并且在必要的时候提供帮助。

如果教室里配备了电脑和投影仪，那么不需要准备泡沫骰子，也可以完成这个游戏。

游戏

72

宾果数字游戏

训练目标：数字训练、阅读训练、听力训练

难度等级：	分组规模：	所需时间：
1—3级	2人一组	10分钟

■ **素材&准备工作**

准备一个5×5的方格板。在每个空格中分别填上3位数、4位数和5位数的数字。调整方格板上数字的位置，确保每一个宾果板都各不相同。教师需要为每个小组的学生准备至少两个板子。此外，还需要准备一张列有随机数字的列表。

■ **游戏目标**

超大数字的英文读法和拼写对于很多学生来说都是一个难点。因此，本游戏的目标是让学生在老师念出数字的时候，尽快从宾果板上找到对应的数字和位置。

175

■ 如何开展

给每个小组的学生发放一个宾果板。如果有学生不太熟悉宾果游戏的玩法，教师需要事先示范游戏。教师可以告诉学生，每个数字自己只会读一遍，因此他们需要非常仔细地聆听。确保自己读出数字的方式前后统一。例如，数字432，教师可以念成"four hundred and thirty-two"或"four hundred thirty-two"。第一个找出正确位置的小组将赢得本轮游戏。然后将第二块宾果板发给各个小组，并继续游戏。

■ 注意事项

因为游戏将学生分成了2人一组，所以教师需要观察每个小组学生的表现，以确保两人进行沟通与合作，而不是由其中一个学生标记所有的答案。

如果班上学生的水平较高，教师在准备宾果卡片的数字时，可以刻意挑选一些发音较为相似的数字，例如24,636和24,363，来增加游戏的趣味性和难度。

游戏

73

数字听写

训练目标：数字训练、阅读训练、听力训练

难度等级：	分组规模：	所需时间：
1—3级	2—3人一组	10—15分钟

■ 素材&准备工作

准备15到20个句子，这些句子里都需要包含较大的数字。例如"The pet shop has 2,363 fish（宠物店有两千三百六十三条鱼）"或"A new Ford costs \$28,978（新福特车的售价是两万八千八百九十七十八美元）"。

■ 游戏目标

游戏的目标是让学生通过与小组成员的合作，来听出并写下较大的数字。

■ 如何开展

教师在示范游戏时，可以告诉学生，接下来他们需要听出下面句子里的大数字，例如："As of 2018, there are over 1,700 parks in New York City."（截至2018年，纽约市有超过1700个公园）。并告诉学生，接下来你将念出更多的句子，请他们将所有听到的数字都记下来。需要向学生强调，每个句子你只会读一遍。在你读完句子后，学生需要跟自己的搭档讨论，以确保整个小组达成统一意见，给出正确的句子，包括句子里的数字。

■ 注意事项

监督各个小组的动态，确保小组成员之间用英语进行沟通，而不是直接向小组成员展示自己写下的句子和数字。

> 根据学生英语水平的高低，可以适当地增加或减少数字的长度。对于水平较低的学生，教师可以考虑只读数字，而不是整个句子，以免造成干扰。

游戏

ᚥᚤ

你猜对价格了吗

训练目标：**数字训练**（价格）

难度等级：	分组规模：	所需时间：
1—3级	3—4人一组	10—15分钟

■ 素材&准备工作

从当地超市拿一些商品的宣传单。很多超市在官网上也提供类似的宣传单。如果网上找不到，可以到实体店的入口处拿到印刷的宣传单。不管是电子版还是印刷版，宣传单都会包含一些物品的价格清单，有时候会顺便提供所售商品的图片。

■ 游戏目标

游戏的目标是让学生用英语猜一猜超市里日用品的售价。

■ 如何开展

教师在示范游戏时，先向学生展示宣传单上的一件商品。要求学生跟他们的搭档讨论并预估这个商品的售价，但需要确保预估价格不超过实际价格。在学生掌握游戏规则后，告诉他们游戏开始。每个小组有30秒的时间来讨论商品可能的售价。预估价格最接近，但是没有超过实际售价的小组，将赢得本轮游戏。然后，换到下一个商品继续游戏。

■ 注意事项

教师需要站在讲台处监督整个班级各个小组的活动，确保每个小组都积极讨论每件商品的可能售价。

> 对于水平较低的学生，教师需要在开始游戏前，带着学生复习和练习不同价格的英语发音。

游戏

75

你听到那些数字了吗

训练目标：数字训练、听力训练、口语训练

难度等级：	分组规模：	所需时间：
3—5级	3—4人一组	10—15分钟

■ 素材&准备工作

从电视台或广播电台找到一段交通路况的英文报道。广播电台一般在晨间时段播报交通情况。

■ 游戏目标

在这个游戏中，学生需要仔细聆听交通信息的报道，并记录这段简短广播中提及的数字。如果能够选取当地的交通广播，游戏就能取得最佳的效果，因为学生对当地的道路和地况较为熟悉。

■ 如何开展

在游戏开始前，要求学生给出一些与当地交通和运输相关的数据。例如，第66号公路，限速40英里，通行CT3公交线路等。在通常情况下，交通路况的播报还会涉及时间。以班级为单位，跟学生先聊一聊当地的一些交通情况，例如最繁忙的道路、火车线路、公交车线路等。这些准备工作能够让学生预先了解到一些可能会出现在广播里的交通词汇。然后告诉学生，接下来他们需要听一段交通路况的播报（一段来自电视或广播的音频）。他们需要与自己的搭档合作，将所有听到的数字都写下来。播放音频的次数最好不要超过三遍。然后让各个小组的成员在班上分享自己小组听到的数字。

■ 注意事项

教师需要确保每个小组的学生与自己的搭档沟通和交流，并且在小组达成一致意见之后，以小组为单位展示本组写下的一系列数字。

对于水平较低的学生，教师可以事先准备一些资料。资料上提供广播里提及的数字，以及与之十分相近的数字。要求学生在听广播时，圈出正确的数字即可。

第六部分

语法游戏

游戏

76

形容词比较级大分类

训练目标：**语法训练**（形容词比较级）、**词汇训练**、**拼写训练**

难度等级：	分组规模：	所需时间：
1—3级	3—4人一组	10—15分钟

■ 素材&准备工作

准备一份资料，资料上提供以下三个类别的形容词：单音节形容词、两个及以上音节的形容词和以字母y结尾的形容词，并将这些词汇打乱顺序。

■ 游戏目标

游戏的目标是让学生将这三种类型形容词的比较级区分开来。

■ 如何开展

形容词的比较级主要由两种因素来决定：音节的个数和拼写。一般来说，当形容词是单音节时，其比较级是在词尾加上er，例如taller（更高）和older（更老）。对于包含两个及以上音节的形容词，需要在其前面加上单词more来形成比较级，例如more expensive（更贵）或more interesting（更有趣）。而对于以字母y结尾的形容词，其比较级的规律是将y变成i，再加上er，例如prettier（更美）或happier（更幸福）。将资料分发给学生，告诉他们需要与自己的搭档合作，将资料上的形容词分成三个类别。但教师不要事先告诉学生是哪三个类别。这个游戏可以用来作为形容词比较级这个语法点的导入或热身游戏。

■ **注意事项**

如果有些小组完成的速度较快，可以要求他们用资料上提供的形容词来造句。

> 对于水平较低的学生，教师可以提供一些提示线索。例如告诉学生们，资料上的一些形容词的比较级需要加er，而其他的形容词需要在前面加上more。

游戏

77

动物大排序

训练目标：**语法训练**（比较级和最高级）、**听力训练**、**口语训练**

难度等级：	分组规模：	所需时间：
1—3级	5—6人一组	10—15分钟

■ 素材&准备工作

准备一系列写有不同动物名称的卡片，确保每个学生都能够拿到一张动物卡片。

■ 游戏目标

这个游戏的目标是让学生通过有意义的对话方式来练习比较级和最高级。学生需要在游戏过程中仔细聆听、积极对话并与他人合作。

■ 如何开展

给每个学生都发放一张写有动物名称的卡片（cat，snake，lion，

frog, etc.）（例如猫、蛇、狮子、青蛙等）。教师在黑板上写下一个标准，例如 "speed."（速度）。学生们必须跟自己的搭档合作，以速度为标准给动物排序，确定哪种动物的速度最快、第二快等，一直排到速度最慢的动物，然后将卡片按照速度快慢顺序排列好。最先完成排序的小组将获得本轮加分。教师需要检查各个小组的排序，确定是否正确，然后将下一个标准写到黑板上，开始新一轮游戏。游戏排序的标准可以包括 height（高度）、weight（重量）、length（长度）、cuteness（可爱程度）等。

■ 注意事项

确保学生在为各类动物排序的过程中，使用英文进行交流。

对于水平较高的学生，教师可以选择将标准的制定权交给学生，让他们自行决定每一轮游戏中动物们应该按照什么标准排序，以增加游戏的趣味性和挑战性。

游戏

时间介词at/on/in

训练目标：语法训练（时间介词）、**听力训练**

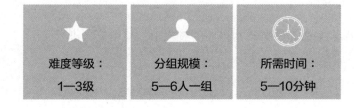

难度等级：	分组规模：	所需时间：
1—3级	5—6人一组	5—10分钟

■ 素材&准备工作

准备一些大型的卡片，上面分别写上AT、ON和IN三个介词，确保卡片和字号尽可能大。需要为每个小组的学生准备一套卡片。然后准备一系列可以与at/on/in进行搭配的时间短语列表。教师需要为每个介词至少准备8到10个相对应的搭配短语。

■ 游戏目标

游戏的目标是针对前述三个时间介词进行专项训练。很多学生在遇到时间短语或表述时，很容易将这三个介词混淆。需要牢记的是，"at"用于表达时钟显示的时间，"on"跟日期（day/date）搭配，而"in"则可以适用其他任何情况。但是也存在一些特殊的用法，例如"at night"（在晚上）和"on the weekend"（在周末）等。

■ 如何开展

将全班学生分成5到6人的小组。请每个小组给自己组取个名字，然后教师将各个小组的团队名称写到黑板上。每当小组给出正确答案时，教师就在该小组的名字下加上一分。给每个小组都发放写有AT、ON和IN三个介词的巨型卡片。

教师在示范游戏时，可以说，"9点"（nine o'clock），然后举起AT的卡片说"在9点"（At nine o'clock）。经过示范，学生应该能够很快掌握游戏的规则。教师需要告诉学生，在小组举牌之前，所有的小组成员都必须达成一致意见。

然后教师可以给出一个单词，无论是时钟上的时间（例如9点、中午、午夜等需要使用介词at的表述），或是某个具体的日期（例如情人节、周二、6月3日等需要用到介词on的表述），还是其他与时间有关的词汇（例如20世纪90年代the 1990s、春季、18世纪等需要用到介词in的表述）。各个小组需要判断手中的哪个介词可以与教师给出的表述进行搭配，然后指定小组中的一名成员举起卡片，并念出正确的介词搭配。

■ 注意事项

因为这是一个分组游戏，所以每个小组在给出答案前，必须征求所有小组成员的意见。如果教师说"June third"（6月3日），而其中一个学生在没有征求团队成员意见的情况下喊出"On June third"（在6月3日），那么即便答案是正确的，该组也拿不到分。

教师可以调整游戏的玩法，要求学生将小组的答案写下来而不是大声地喊出来。在这样的情况下，教师无需课前准备卡片。在游戏结束后，每个小组检查自己的答案，而正确率最高的小组将赢得游戏。

游戏

79

你的记忆力好吗

训练目标：语法训练（介词）、写作训练、词汇训练

★	👤	🕐
难度等级： 1—3级	分组规模： 2—3人一组	所需时间： 10—15分钟

■ 素材&准备工作

准备一张照片，照片的主题是乱糟糟的房间。教师可以在百度图片库中输入"学生杂乱宿舍背景图"关键词检索所需的图片素材。

■ 游戏目标

游戏的规则是让学生观察教师提供的图片，着重记忆图片上有什么以及这些东西的摆放位置，然后写出尽可能多的句子来对图片进行描述。

■ 如何开展

教师在示范游戏时，可以利用讲台和讲台上的物品作为案例。引导学生给出描述，例如"桌子上有一台电脑。"或"在电脑旁边有几本书。"教师可以将课前准备的图片用投影仪放出来，或给每个学生都发放一张打印件。如果选择给每个学生发放打印件，那么要求学生先把图片正面朝下放好，等到教师给出开始信号之后才能观看图片。给学生三分钟时间来看图片。然后要求学生根据自己的记忆力，写下尽可能多的句子来描述图片上的各个细节和各类物品的摆放位置。例如，"桌子上有电脑"或"扬声器位于桌子上，在台灯和笔记本电脑之间"，等等。

■ 注意事项

确保学生在观看图片的时限到了之后不会再偷偷回看图片。

> 教师可以限定学生们描述图片的时间。每个小组也可以选择指定一名学生作为记录员，帮助写下小组成员给出的所有描述。然后再以小组为单位，与班上其他学生交流各个小组得到的句子和信息。

游戏

80

比较级造句大比拼

训练目标：**语法训练**（形容词比较级）、**词汇训练**

★	👤	🕐
难度等级： 1—3级	分组规模： 2—3人一组	所需时间： 10—15分钟

■ **素材&准备工作**

课前无需准备任何材料。

■ **游戏目标**

在这个游戏中，分成两人一组或三人一组的学生们将拿到两个物品进行比较。游戏的目标是让学生利用这些物品，练习写比较级的句子，并在日常对话或口语练习中使用这个语法点。

■ **如何开展**

引导学生给出来自同一个类别（cities，fruit，sports，etc.）（例如城

193

市、水果、运动等）的两个物品示例，然后将学生给出的答案写到黑板上。例如New York（纽约市）和Chicago（芝加哥），apples（苹果）和grapes（葡萄），或golf（高尔夫球）和baseball（棒球）。然后每个小组的学生都必须与搭档合作，尝试给出关于这些对比物品的最具有比较性的句子。例如"Apples are bigger than grapes."（苹果比葡萄大。）"Grapes are lighter than apples."（葡萄比苹果轻。）"Grapes are more expensive than apples."（葡萄的价格比苹果高。）等等。能够给出数量最多的比较句的小组将赢得游戏。然后，教师可以指定另外一组物品进行比较，游戏继续。

■ **注意事项**

根据学生的知识和能力水平，给出的比较句必须合理且符合事实。例如，虽然不确定葡萄是否比苹果贵，但如果句子的语法正确，我个人会愿意接受这个句子。

> 教师可以通过设定时间限制来激发学生的创造性。对于水平较低的学生，教师可以在游戏开始前引导学生先给出一系列的形容词，并将这些词汇写到黑板上作为辅助。

游戏

81

花费（For）还是
自……以来（Since）

训练目标：**语法训练**（现在完成时和for/since的用法）

难度等级：	分组规模：	所需时间：
1—3级	将全班分成 两个大组	10—15分钟

■ 素材&准备工作

准备两张与时间相关的短语列表。其中一张给出的是特定时间（因为这些表述需要由since来引导）；另外一张则给出时间段（因为这些表述需要由for来引导）。

■ 游戏目标

游戏目标是学生根据教师给出的时间短语选择正确的介词。

■ 如何开展

先将全班的学生分成两个大组。将since和for两个介词写到黑板上。

请学生给出两个使用了since和for的现在完成时句子，并将句子写到黑板上。例如"I have been here for two months."（我在这里已经待了两个月了。）和"I have been here since February."（我从二月份开始就待在这里。）分别将两个句子中的"for two months"和"since February"圈出来。告诉学生，接下来你将提供其他一些需要用到for和since的短语。当你给出这些短语时，学生需要根据你给出的表述，用for或者since来造句。例如，教师说，"三个月"（three months），如果学生给出类似"I've been studying English here for three months"（我在这里学习了三个月的英语）这样的句子，那么该学生所在的大组获得一分。游戏按照上述规则继续进行。

■ 注意事项

因为这是一个分组活动，所以教师要鼓励所有学生积极参与回答问题，并要求那些喜欢抢答的学生给同班同学留点表现的机会。

> 教师可以调整游戏的玩法，将这个游戏做成单人完成的活动。可以要求学生坐在自己的位置上独立完成造句，并在游戏结束时，向全班同学展示所写的一个或两个句子作为示范。

游戏

82

运动词汇大分类

训练目标：**语法训练**（动词，go+ing用法）、**词汇训练**

难度等级：	分组规模：	所需时间：
1—3级	3人一组	10—15分钟

■ 素材&准备工作

准备一张资料列表，表上给出三种不同类型的运动词汇，包括：需要搭配动词play的运动（使用球或球状物体，如棒球、羽毛球等名词性运动），需要搭配动词do的运动（名词性运动，但不涉及球类，如瑜伽、击剑等）以及需要搭配动词go的运动（需要与ing连用的动词性运动，例如滑雪skiing、游泳swimming等）。将这三种类型的运动打乱顺序排列。将运动类别写在表头，然后剩下三分之二空间画成空白方框或圆形。

■ 游戏目标

游戏的目标是让学生找出这三种不同的运动词汇类别，并练习这些词汇的正确用法。教师不需要提及运动词汇存在不同类别这一关键信息。游戏的关键就在于学生能否在练习中自己发现规律，找出这三个类别的存在。

■ 如何开展

这个游戏将分成两个部分，第1部分：给每个学生都发放一份资料。告诉学生他们有5分钟的时间将列表上所有的单词分成三组。具体的分组标准和原则，由学生跟自己的搭档商量决定。第2部分：5分钟时间到了之后，打乱学生的既定分组，告诉学生他们需要调换搭档，并跟新的小组成员合作。要求学生与新的小组成员交流自己的想法。几分钟之后，要求学生停止活动，并检查各个小组最终得出的词汇列表，看看是否有小组能够得到正确的答案。

■ 注意事项

教师需要确保学生在练习的过程中与小组成员进行交流和沟通，而不是一味各自埋头苦写。

> 对于水平较低的学生，教师可以省略本游戏的第2部分，直接让学生向全班展示各个小组最终的词汇分类。

游戏

83

频率副词造句

训练目标：**语法训练**（频率副词）、**听力训练、口语训练**

难度等级：	分组规模：	所需时间：
1—3级	2人一组	10—15分钟

■ 素材&准备工作

准备一套卡片，卡片上给出五个常用的频率副词（always、usually、sometimes、hardly ever、never）。需要为每个小组的学生都准备一套卡片。

■ 游戏目标

在这个游戏中，小组内的一名学生需要为自己的搭档提供线索，让对方能够运用频率副词来造句。

■ 如何开展

教师在示范游戏玩法时，可以将前面的五个频率副词写到黑板上。

给学生提供一个线索，例如"You do this with your hands before you eat something."（你在吃东西之前需要用手做的一件事。）目标是让学生给出类似"I always wash my hands before eating"（我吃东西之前总是会洗手）这样的句子作为回答。然后将学生分成2人一组。选择小组内的一个学生，给其发放卡片。要求他/她将卡片打乱顺序后选取一张，然后根据所选卡片上给出的频率副词，通过提问的方式给自己的搭档提供线索，以鼓励对方说出包含该选定频率副词的句子。完成5个频率副词的问答之后，小组内的学生可以互换角色，进行下一轮游戏。

■ 注意事项

一些水平较低的学生，可能需要教师的帮助才能给出线索或提出恰当的问题。

教师可以适当调整游戏的玩法和难度，例如给学生提供一张卡片，卡片上给出一些常见或不常见活动的示例，如"洗手"（wash your hands）或"冬天去海滩"（go to the beach in the winter）等。学生可以利用频率副词和其他的线索让自己的搭档猜一猜手上卡片的活动是什么。

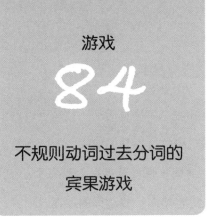

游戏

84

不规则动词过去分词的
宾果游戏

训练目标：语法训练（过去分词）、**听力训练**

难度等级：	分组规模：	所需时间：
1—3级	3—4人一组	10—15分钟

■ 素材&准备工作

准备一个5×5的宾果板，其中包含25个不规则动词的过去分词，例如gone、eaten、brought和frozen等。每个宾果板上单词的排列都应该完全不一样或有部分调整。给每个小组的学生都准备一个宾果板。

■ 游戏目标

游戏的目标是让学生练习如何辨别英语中不规则动词的过去分词形式。

■ 如何开展

在游戏前需要开展一些热身活动。教师可以给出一些动词，并要求学生给出这些动词对应的过去分词形式。教师在给出的动词中需要混合规则动词和不规则动词。热身结束后，给每个小组的学生发放宾果板。告诉学生，接下来你将给出一些动词的现在时形式，然后每个小组的学生需要组内商量并找出该动词的过去分词形式，且在宾果板上做出正确的标记。第一个完成宾果游戏的小组将成为赢家。游戏结束后，教师可以选择另外一组词汇和/或另外的宾果板来继续游戏。

■ 注意事项

教师需要在游戏过程中在教室内四处走动，观察是否每个小组的学生都与自己的搭档开展了合作，一起标记宾果卡。

教师可以调整游戏的玩法。可以用形容词来取代不规则动词，并将这个游戏变成"寻找反义词"的宾果游戏。例如，教师可以用一些形容词来制作宾果板（如expensive昂贵的、small小的和old古老的等），然后对学生说出与宾果板上提供的形容词意义相反的形容词（如cheap便宜的、big大的和young年轻的等）并要求学生在宾果板上找出对应的反义词。

游戏

85

现在/过去进行时

训练目标：语法训练（过去进行时、现在进行时）**、口语训练、听力训练**

★	👤	🕐
难度等级： 1—3级	分组规模： 2—3人一组	所需时间： 10分钟

■ 素材&准备工作

准备一张繁忙街景的图片。教师可以在百度图片库中输入关键词"busy street scene cartoon"（繁忙街景卡通图）找到自己所需的素材。

■ 游戏目标

游戏的目标是让学生记住繁忙街景图片中尽可能多的人物的动作和行为，并运用恰当的时态将它们描述出来。

■ 如何开展

教师可以选择在教室的投影仪上打出该图片，也可以选择给学生发放打印件。无论采用何种做法，给学生3分钟的时间观察和记忆图片。然后给每个小组4到5分钟的时间根据记忆描述图片内所有人物的行为和动作（主要是通过描述他们正在做什么来练习现在进行时的用法）或描述他们过去在做什么（练习过去进行时的用法）。给出最多描述句子且表述正确的小组赢得游戏。

■ 注意事项

教师需要确保学生在小组内跟搭档进行交流和沟通，一起给出各不相同的描述句子，而不是自己埋头苦写。

> 对于水平较高的学生，你可以要求他们提供更为复杂的句子，例如在句子中补充图片中的某个人物正在做或过去正在做某件特定事情的原因或解释。

游戏

86

基于事实进行
合理的猜测

训练目标：语法训练（过去进行时、现在进行时）、**口语训练、听力训练**

难度等级： 2—3级	分组规模： 2人一组	所需时间： 5—10分钟

■ 素材&准备工作

准备一张关于青少年房间的照片。可以在百度图片库输入"青少年乱糟糟床铺的房间图片"（teenager's bedroom with the bed unmade）找到自己所需的素材。

■ 游戏目标

游戏的目标是让学生根据给出的房间照片猜测一下房间主人的生活方式，并且以有意义和符合逻辑的方式使用目标语言。

■ 如何开展

教师可以用投影仪打出照片，也可以给学生发放照片的打印件。向学生提出一些与该图片相关的问题，例如："根据这张照片，你觉得房间的主人喜欢什么样的音乐？"提问的目的是引导学生给出类似"他肯定喜欢摇滚乐"（He must like rock and roll）或"他可能不太喜欢嘻哈音乐"（He probably doesn't like hip-hop）等回答。

然后告诉学生："现在轮到你们啦！请向自己的搭档提问，并且你们需要给出像刚才那样的答案。每个小组有10分钟的练习时间。"

在游戏结束后，选取几组同学到讲台前模拟对话，展示小组成果。

■ 注意事项

确保学生们向自己的搭档提问并回答搭档提出的问题。对于水平较低的学生，教师可以提供一些建议或意见来进行引导，例如："维克，你可以问简一些关于音乐的问题。"

为了强化对语言技能的训练和学习，教师可以要求学生将自己的答案写下来，这个做法对低水平学生尤为有效。对于水平较高的学生，教师可以要求学生将自己的生活方式和习惯与图片中青少年的生活方式和习惯进行对比，例如："他肯定喜欢摇滚乐。我也很喜欢！"（He must like rock music. I do, too!）

游戏

87

回到未来

训练目标：**语法训练**（动词时态/将来时）、**词汇训练**

难度等级：	分组规模：	所需时间：
2—4级	2—3人一组	10—15分钟

■ 素材&准备工作

准备一些短篇故事，例如童话故事或其他类型的儿童故事。需要为每个小组都准备一份资料，最理想的情况是能够给每个小组都准备一个不同的故事。

■ 游戏目标

游戏的目标是对故事进行改写，将故事的过去时全部变成将来时。在完成这个任务的过程中，学生需要在将来时以及相关词汇的选择方面发挥想象力。

■ 如何开展

在示范游戏时，教师可以在黑板上写下几个句子，内容是自己上个周末做过的事情。例如："I woke up late. After breakfast, I went to the mall since I wanted to buy new shoes."（我很晚才起床。吃过早餐之后，我去了购物中心，因为我想买新鞋子。）然后引导学生根据教师给出的句子，将它们转换为将来时形式。你可能得到类似这样的表述："I am going to wake up late. After eating breakfast, I will go to the mall since I want to buy new shoes."（我将要很晚起床。在吃过早饭之后，我将要去购物中心，因为我想买新鞋子。）在学生掌握游戏的概念和规则之后，可以将事先准备好的故事分发给各个小组。告诉学生，他们有10到15分钟的时间来把过去时的故事变成将来时。

■ 注意事项

确保小组内的学生进行沟通和交流，而不是各自埋头苦写。

对于水平较高的学生，你可以要求他们对故事的结局进行改编。例如，在《小红帽》中，"那只邪恶的大灰狼认为自己一定会吃掉奶奶，但是奶奶将会把它赶走。"（The big, bad wolf thinks he will eat Grandma, but she is going to drive him away.）

游戏

88

因为（Because）还是
因为（Because of）

训练目标：语法训练（连接词）、口语训练、听力训练

难度等级：	分组规模：	所需时间：
2—4级	3—4人一组	10—15分钟

■ 素材&准备工作

准备一套卡片，每张卡片上写下一个陈述句。每个陈述句应该是以"Because..."（例如：I'm so full/I need to buy milk. 我吃饱了/我要买牛奶。）或 "Because of..."（例如：we canceled the picnic. 我们取消了野餐。）引导的句子的后半部分陈述。准备足够多的卡片，确保每个小组都能够拿到10到15张类似的陈述卡片。其中，一半的卡片应该可以搭配because，而另外一半卡片可以搭配because of。

■ 游戏目标

游戏的目标是通过一种有趣、竞技的方式来帮助学生区别because和

because of的用法。

■ 如何开展

　　每个小组拿到卡片之后，将卡片正面朝下放好。第一个学生抽取一张卡片，然后将卡片上的内容念出来。小组其他成员比赛谁可以先用because或because of来造出可以匹配卡片内容的半个句子。例如，第一个学生念出来的内容是：“I'm so full.”（我吃得太饱了。）然后另外一个学生立刻接上：“Because I ate so much pizza, I'm so full.”（因为我吃了太多的披萨，所以我吃得太饱了。）第一个给出正确答案的学生可以拿到那张卡片。在游戏结束时，拿到最多卡片（一般是回答速度最快）的学生就是游戏的赢家。

■ 注意事项

　　学生给出的答案必须是完整的句子，而且必须以because或because of开头，以卡片上的陈述作为结尾。

　　这个游戏可以经过改编并用于练习其他的语法点，例如条件句、过渡词（如despite, in spite of, even though, although, during, while）等。

游戏

89

描绘地点

训练目标：**语法训练**（方位介词）、**口语训练**、**听力训练**

难度等级：	分组规模：	所需时间：
2—4级	4—5人一组	10—15分钟

■ 素材&准备工作

从杂志上选取几张关于房屋或庭院的不同照片。

■ 游戏目标

在这个游戏中，一个学生拿着图片，运用方位介词和其他的词汇，对图片进行描述，而其他的学生要在不看图片的情况下，尽可能根据描述将图片画出来。

■ 如何开展

在示范游戏时，教师可以将一张图片展示给全班学生看。清楚地描述图片上的事物都在什么位置。例如，教师可以说："这是一座小房子。房子的右侧有一个车库和一条车道。车道上停着一辆小汽车。车道的左侧有一棵大树。"

在学生掌握游戏规则之后，让学生分组坐好。在每个小组中选取一个学生，发给他/她一张图片，并确保小组内的其他学生不能看到图片。拿到图片的学生需要描述图片的内容，具体描述图片上的事物都处在什么位置。小组其他成员需要根据这个学生的描述将图片内容画出来。画完之后，小组内需要选出与原始图片最接近的绘画。

■ 注意事项

教师需要注意是否会有学生就图片的相关内容向拿着图片的学生提问。如果存在这种情况，教师可自行决定是否允许相关提问。

游戏

90

未来的我

训练目标：**语法训练**（将来时）、**口语训练**、**听力训练**

| 难度等级：
2—4级 | 分组规模：
整个班级 | 所需时间：
10—15分钟 |

■ 素材&准备工作

准备一份资料，资料上可以提供下列6个将来时的句子，包括：

1. After class I will/I am going to _____.（下课之后，我将_____。）

2. Tomorrow morning I will/I am going to _____.（明天早上，我将要_____。）

3. For my next vacation I will/I am going to _____.（下个假期，我将要_____。）

4. _____ I will/I am going to have my hair cut.（_____我将要去剪头发。）

5. I will/I am going to _____ in a year from now.（一年之后，我将要_____。）

6. Someday, I will/I am going to live _____.
（总有一天，我将要在_____生活。）

■ 游戏目标

游戏的目标是训练将来时的用法（will和/或am going to）以及关于未来规划和活动的问答技能。

■ 如何开展

给每个学生都发放一份资料，然后预留几分钟时间给全班学生填写句子。确保学生在填空之前已经充分了解到，当我们产生关于未来的打算时用will，而在我们关于未来有一个明确的规划时用am going to。在学生填写完所有的句子后，开展全班自由沟通的活动。要求学生们站起来，拿着自己填好的资料，找到一个搭档，询问彼此未来的发展规划或设想。例如，一个学生可以问，"What are you going to do after class?"（下课之后你打算做什么？）搭档可以回答，"Maybe I will do some homework. How about you?"（我可能要写作业，你呢？）首先提问的学生可以接着说，"I am going to go to work. I have a part-time job."（我要去上班。因为我有一份兼职要做。）几分钟之后，教师喊停则本轮交流结束，请学生寻找一个新的搭档来重复前述对话流程。

■ **注意事项**

　　确保学生全身心投入交流活动，并且在提问和回答时要给出完整的句子。

> 　　教师可以调整游戏的要求来增加趣味性和难度。例如，在第一轮的自由交流结束后，要求学生寻找全新的搭档进行对话，但这一次，他们需要交流和复述的是自己上一轮的搭档关于未来的规划和设想。

游戏

91

混乱的日程安排表

训练目标：语法训练（时间和方位介词）、**口语训练、听力训练**

难度等级： 2—4级	分组规模： 整个班级	所需时间： 10—15分钟

■ **素材&准备工作**

　　准备一页资料，资料提供某公司"老板"的每周日程安排。该老板工作非常繁忙，日程表上安排了12到15个不同的会面，分别处于不同的日期和时间。准备4份不同的日程表，在每份日程表中，剔除3到4场会面的信息（包括具体的时间、与该老板会面的人物以及会面的地点等）。每个学生将收到4份日程安排表中的一份。

■ **游戏目标**

　　游戏的目标是要求学生填写出自己手上那份日程表中缺失的信息。

216

■ 如何开展

　　这是一个全班学生进行自由交流的活动，所以学生们需要站起来在教室内四处走动。给学生们发放日程表，告诉他们需要仔细地看看缺失了哪些信息，然后他们需要在教室内四处走动并且与同班同学交流，以找出自己那份日程表所需的信息。同样的，他们也需要根据自己的日程表，为自己的同班同学提供所需的信息。游戏的关键在于，学生不能直接将自己手中的日程安排表展示给同学看，他们必须使用自己的语言沟通技能来完成这项任务。

■ 注意事项

　　确保学生在游戏过程中全程使用目标语言来提问和回答。

　　这个游戏也可以设计为2人一组的分组游戏。如进行2人一组的分组游戏，则教师只需准备两份不同的日程安排表即可。

游戏

92

老式明信片

训练目标：**语法训练**（过去时、现在完成时、将来时）、**词汇训练**、**写作训练**

难度等级：	分组规模：	所需时间：
2—5级	2人一组	10分钟

■ 素材&准备工作

要开展这个游戏，教师需要收集一些来自本城市的旅游明信片。如果你身处的城市正好有很多物美价廉的旅游纪念品商店，那么可以考虑用真实的明信片来开展活动。如果没有这个条件，那么关于所在城市的照片也可以获得同样的效果，学生们还可以在照片的背面写字。

此外，教师还需要准备一套身份信息卡片，至少要为每个学生准备一张。卡片上包含三个描述性的项目，分别是：角色的名字、年龄和性别。

■ 游戏目标

游戏的目标是让学生充分发挥自己的想象力，撰写一个故事来描述自己拿到的角色在过去两天里在这个城市的经历。故事应该根据给定角色的年龄和性别来设计。

■ 如何开展

给每个学生都发放一张角色信息卡片和一张明信片。教师在示范游戏时，可以抽出一张角色信息卡，念出上面的信息："I'm Kim. I'm a 17-year-old girl."（我叫金姆。我是一个17岁的女孩。）然后拿起一张明信片。一边假装在明信片背面写信息，一边说，"I've had fun in New York, but the past two days have been so busy. I arrived on Friday with my mom. After checking in, we went shopping."（我在纽约玩得很开心。但是过去两天我特别忙碌。我周五的时候跟着妈妈一起到了这里。在办理完酒店入住手续之后，我们就去购物了。）然后告诉学生，轮到他们来查看自己角色卡上的信息，并且根据角色的身份，在明信片背后写上一个对应的故事了。在游戏结束后，学生们可以跟自己的搭档分享自己在明信片背面写下的故事。

■ 注意事项

如果学生没有创作的灵感，那么教师可以提供一些关于主题的提示，例如该角色去了哪些著名的景点，他们去了什么地方购物，买了什么东西，吃了什么特色食物，等等。

　　在写作结束后，教师可以将学生分成3到4人的小组。其中一个学生可以大声念出自己卡片上写下的信息，而小组其他成员则可以提出下列问题"你在博物馆时会觉得无趣吗？"或"你觉得披萨的味道如何？"，以训练口语技能。

游戏

93

最佳建议

训练目标：语法训练（情态动词表达的必要性must，have to，need to，should，ought to，had better，以及第三条件句If I were you，I would...）、**听力训练、口语训练**

难度等级：
2—5级

分组规模：
4—5人一组

所需时间：
10—15分钟

■ **素材&准备工作**

　　准备一套卡片，卡片上包含了对需要提供建议或意见的问题或情况的描述，例如："I need to lose weight"（我需要减肥）；"I am having friend/classmate problems"（我跟朋友/同学吵架了）；"I want to have a pet，but I can't decide which one to get"（我想养一只宠物，但是没想好要养什么）；等等。需要为每个小组都准备一套卡片。

■ **游戏目标**

　　游戏的目标是让小组中的一名学生抛出问题，而小组的其他成员则需要积极给出意见或建议。

■ 如何开展

在每个小组中，先选取一名同学来抽取卡片。在该同学念完卡片上的信息后，小组其他成员有1分钟的时间来写下自己的建议。然后第一位同学再次念出卡片上的问题，其他同学轮流念出自己写下的建议或意见。抽取卡片的同学可以决定谁的建议最好，并将手中的问题信息卡片送给提供最佳建议的同学。然后轮到小组内的下一位同学抽取卡片并读出信息，游戏按照此流程继续。在游戏结束时，拿到最多卡片（给出最佳建议次数最多）的学生将成为游戏的赢家。

■ 注意事项

确保学生们在提供建议时，使用完整的句子，并且运用了本次游戏拟练习的关键语法点。例如，学生们提供的建议应该是"You should get a cat"（你应该养一只猫）而不是"Get a cat"（养一只猫）。

对于水平较高的学生，你可以发放一些包含了商业问题信息的卡片，例如"Our company needs to increase sales"（我们公司需要提升销售额），或关于政府问题的卡片，如"We need to build a new library in town"（我们需要在镇上新建一座图书馆）等来增加游戏的难度。

游戏

94

条件句专项训练

训练目标：语法训练（条件句）

难度等级：	分组规模：	所需时间：
2—5级	3—4人一组	10—15分钟

■ 素材&准备工作

准备10个包含了引导词if的条件句，例如"If it rains tomorrow, I will bring my umbrella."（如果明天下雨，我就会带上我的雨伞。）将每个句子拆分成两部分。一部分包含if，写在一套卡片上；另外一套卡片上。需要为每个小组准备两套这样的卡片。

■ 游戏目标

游戏的目标是让学生匹配包含了引导词if的条件句，将两套卡片上的信息正确配对。在常见的专项训练游戏中，学生们需要记住哪些卡片上包含了哪些具体的匹配信息。因此，学生们需要凭借自己的记忆力来

223

完成句子的匹配。他们每次只可以翻开两张卡片，看看能否成功凑成完整的句子。

■ 如何开展

给每个小组都发放一套卡片。请每个小组选出一名同学来洗牌，然后将所有的卡片正面朝下放在桌子上，排成五排，每排分别放置4张卡片。第一个同学上前翻开两张卡片，然后念出卡片上的信息。如果这两张卡片上的信息可以组合成一个逻辑合理的条件句，那么这个学生可以拿走这两张卡片并继续翻卡。如果两张卡片上的信息无法凑成一个逻辑合理的条件句，那么这个学生必须将两张卡片恢复到正面朝下的状态，并轮到下一个学生上来翻卡。游戏一直继续，直到所有的卡片都被收走。一定要牢记，根据卡片上所写的条件句信息的不同，一个if引导的半句话可能会存在超过一种匹配信息。当出现这种情况且最后两张卡片剩下的信息无法匹配时，如果抽取卡片的学生可以自己利用if引导的短语来造出逻辑合理的条件句，那么该学生也可以赢得这两张卡片。

■ 注意事项

确保抽取卡片的学生大声地念出卡片上的信息，而不是整个小组在一片静默中玩游戏。

　　这个游戏可以拓展到更高级别。教师可以要求各个小组将所有包含了引导词if的卡片挑出来，然后自己编写句子的后半部分内容。例如，学生可以写："If I were an animal, I would be a bird."（如果我是一种动物的话，我应该是一只鸟。）游戏可以在此基础上继续拓展，例如学生刚刚写出的句子可以作为口语训练的开篇句子。比如，另外一个学生可以根据这个句子提供的信息提问，如 "Why would you be a bird?"（为什么你想要成为一只鸟？）

游戏

95

条件句接龙

训练目标：语法训练（条件句）、听力训练、口语训练

★	👤	🕐
难度等级：	分组规模：	所需时间：
3—5级	整个班级	10分钟

■ **素材&准备工作**

课前无需准备任何材料。

■ **游戏目标**

游戏的目标是让学生提供一个陈述，利用上一个学生提出的信息给出一个完整的条件句。

■ **如何开展**

在本书中，这个游戏被设定为全班活动，但是如果你的班级规模较大，可以将全班学生分成两个小组进行游戏。在开始游戏之前，先决定

226

需要练习的是哪个条件句的语法点。下面是一个训练第二类条件句的示范。将if引导的前半个句子写到黑板上，如"If I were an animal..."（如果我是一种动物……）第一个学生可以补齐句子，说"If I were an animal, I would be an elephant."（如果我是一种动物，我想要成为一头大象。）第二个学生需要以第一个学生提供的信息作为自己句子的开头，说"If I were an elephant, I would eat peanuts."（如果我是一头大象，我会吃花生。）第三个学生按照类似的句型，继续造句："If I ate peanuts, I would get fat."（如果我吃了花生，我可能会变胖。）第四个学生继续接龙说，"If I got fat, I would have to buy a lot of new clothes."（如果我变胖了，我可能需要买很多新衣服。）游戏继续，直到学生无法接上新的句子为止。

■ 注意事项

确保学生按照上面描述的句型进行接龙游戏。每个学生都必须用前一位同学在句子后半段提供的信息来给出全新的条件句。需要注意的是，接龙信息的内容可以变化，例如上面示例中第四位同学提供的信息和逻辑发生了改变，但句子的形式必须保持统一。

对于水平较高的学生，你可以要求他们在进行句子接龙的时候围绕给定主题开展。在这种情况下，前文示例中第四位同学给出的句子必须要改为与大象有关的信息，因为一头大象是不可能去"买新衣服"的。

游戏

96

我想（I Want to）和
你需要（You Need to）

训练目标：**语法训练**（情态动词表达必要性）、**听力训练、口语训练**

难度等级：	分组规模：	所需时间：
3—5级	5—6人一组	10—15分钟

■ **素材&准备工作**

给每个小组准备一个铃铛。

■ **游戏目标**

游戏的目标是训练学生快速思考和反应的能力。小组内的一个学生需要给出一个句子，描述自己想要的东西或想做的事情。小组内其他的学生则需要给出建议和意见。

■ **如何开展**

给每个小组提供一个铃铛。然后在黑板上写下这个句子：I want to

_____/You（have to）（need to）（should）_____。

在示范游戏时，教师可以提问一个学生，让他/她把第一个句子填充完整。学生可能会说，"I want to eat pizza."（我想要吃披萨。）教师先摇晃铃铛，然后给出自己的建议，"You should go to Mario's Pizza Shop... I want to relax."（那么你应该去马里奥披萨店……我想要休息。）然后等到下一个人给你提供建议。示范完毕后，游戏开始。在每个小组中，一个学生首先说，"I want to..."然后另外一个学生摇晃铃铛，给出一个回复，并提供自己想要去做的事情或想要的东西。例如，第一个学生说，"I want to see a movie."（我想去看电影。）另外一个学生摇晃铃铛然后回应说，"You need to go to the theater（你需要去电影院）。I want to buy a car（我想要买一辆汽车）。"另外一个学生摇晃铃铛然后接着说，"You need to get a job and earn money...（你需要找一份工作先挣钱……）"，游戏按照这个流程继续。

■ **注意事项**

确保学生运用多样化的词汇，例如should、must、need to等。

教师也可以通过指定学生回答的顺序来做成一个淘汰制游戏。如果学生无法给出回答，那么就从游戏中淘汰出局。

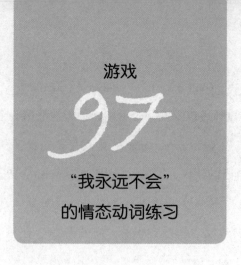

游戏

97

"我永远不会"
的情态动词练习

训练目标：语法训练（情态动词would, could, might, may）、**听力训练、口语训练**

难度等级：	分组规模：	所需时间：
3—5级	整个班级	10—15分钟

■ 素材&准备工作

准备一份资料，列出人们可能收到的奇怪的礼物清单，例如一件丑陋的毛衣、一个门塞、一条塑料鱼、鞋底带有拖把垫的拖鞋等。可以在百度图片库中输入关键词"奇怪的发明"（weird inventions）来收集所需的素材。将所有这些物品的名称写在卡片上，确保班上学生每个人都能够拿到至少一张卡片。

■ 游戏目标

游戏的目标是让学生运用目标语言来讨论，如果自己在生日的时候收到了一份古怪的礼物要怎么办。

■ 如何开展

将需要训练的情态动词（would，could，might，may）写到黑板上，举起写了奇怪礼物名称的卡片或图片，问学生，"What would you do if you got this［sweater, etc.］as a birthday gift?"（如果你收到了［这件丑陋的毛衣］作为生日礼物，你要怎么办？）引导学生运用黑板上的情态动词来给出答案。然后给每个学生发放一张或两张卡片，要求学生们在教室内自由交流。学生应该拿着卡片在教室内四处走动，询问自己的同学，"What would you do if you got［a plastic fish］for your birthday present?"（如果你收到了［一条塑料鱼］作为生日礼物，你要怎么办？）被提问的学生可以回答"I would hang it on the wall"（我应该会把它挂在墙上）或"I could put it on my desk"（我可以把它放在我的桌子上）等。一分钟后，要求学生交换谈话的对象。

■ 注意事项

教师可以鼓励学生发挥想象力，给出富有创意的回答。最重要的是要确保学生在回答的时候运用需要训练的情态动词。

> 要求学生把每个搭档给出的答案都写下来，在游戏结束后，跟全班同学分享最具原创性或最搞笑的答案。

游戏

停下正在做的（Stop Doing）
还是停下来去做（Stop to Do）

训练目标：语法训练（stop 后接动名词还是不定式）、**写作训练**

难度等级：	分组规模：	所需时间：
3—5级	整个班级	10—15分钟

■ 素材&准备工作

　　准备两张列表，一张列表上给出可以停止不做的事情，如吸烟、工作等；另外一张列表给出可以停下手头的事情然后去做的事情，例如买咖啡、吃午餐等。

■ 游戏目标

　　游戏的目标是让学生区分 stop+动名词和 stop+不定式的差别，并能够在句子中正确地使用这两种语法形式。

■ 如何开展

这个游戏比较适合在教授完相应的语法点之后，在下课之前作为复习环节开展。教师需要先示范游戏的玩法。教师先给出一个短语，然后要求学生根据短语造句，但是要用上stop这个语法结构以及给出对应的理由。例如，教师给出"have lunch"（吃午餐），学生可以造句："I stopped to have lunch because I was hungry."（我停下来去吃午餐，因为我饿了。）而如果学生说"I stopped having lunch because I was hungry."（我停止吃午餐，因为我饿了。）就是不合理的。在学生了解游戏的玩法之后，教师可以念出资料列表上的下一个短语，继续游戏。

■ 注意事项

因为这是一个针对整个班级学生开展的复习游戏，所以要求学生不得连续回答问题。

> 你也可以将这个游戏变为一个写作训练游戏。在写作训练时，学生无需大声喊出自己的句子，而是可以将答案写下来，然后再跟自己的搭档探讨句子是否正确。

游戏

99

你会怎么做

训练目标：语法训练（第二类条件句）、听力训练、口语训练

难度等级：	分组规模：	所需时间：
3—5级	整个班级	10—15分钟

■ 素材&准备工作

准备一系列卡片，卡片以问题的形式描述了不同的情况和场景。运用第二类条件句型（What would you do if...?）来提出这些问题，例如："What would you do if you woke up in another person's house?"（如果你在其他人的房子里醒过来，你会怎么做？）和"What would you do if you saw a UFO land close to the road where you were driving?"（如果你看到一个不明飞行物降落在你正在驾驶汽车的路边，你会怎么做？）需要为每个学生准备至少一张卡片。

234

■ **游戏目标**

游戏的目标是让学生能够以一种自然的口语交流方式熟练运用第二类条件句。

■ **如何开展**

给每个学生发放一张或两张问题卡片。然后要求全班同学都站起来，给自己寻找一个搭档。之后要求学生向自己的搭档提出卡片上的问题，并根据搭档的回答，继续提出后续问题。在2到3分钟之后，要求两人交换卡片，然后交换搭档，继续游戏。这个设计的目的在于让学生在训练使用第二类条件句的过程中，能够跟尽可能多的同学进行交流，就不同的主题提问和回答问题，锻炼口语技能。

■ **注意事项**

确保学生在提供的回答中运用第二类条件句的句型。

教师可以选择调整游戏的玩法来增加难度，例如在第一轮的交流结束之后，要求学生对新的搭档复述前一位搭档提供的信息。

游戏
100
过河游戏

训练目标：语法训练（条件句）

难度等级：	分组规模：	所需时间：
3—5级	3—4人一组	10—15分钟

■ 素材&准备工作

　　准备一份资料，资料上给出下面这个谜题：一个男人有一条蛇、一个汉堡和一只老鼠。他想要用船把这三样东西运到河对岸。但他每次只能运送一样东西。而且如果他先运走汉堡，蛇就会把老鼠吃掉。如果他先运走蛇，那么老鼠会把汉堡吃掉。他要怎么样才能够成功完成运送的任务呢？

■ 游戏目标

　　游戏的目标就是让学生解开这个谜题。

■ 如何开展

这是用于训练第一类和第二类条件句的极佳活动。给每个学生都发放一份资料，然后要求全班学生仔细阅读这个谜题。告诉学生们他们有10分钟的时间跟自己的搭档讨论，然后他们需要写下自己的解决方案和理由。记住，这个游戏需要强调的关键点是时态：练习条件句的运用。学生们可以在小组内指定一个人作为记录员来记录小组的讨论结果，或者他们可以自行写下自己的解决方案。为了增加游戏的趣味性，可以给第一个完成任务的小组提供一些奖励。

■ 注意事项

确保学生们使用了目标语法点（条件句）来进行讨论。

根据教学目标的不同，可以将语法点限制为第一类或第二类条件句的运用。

谜底：

因为蛇不会吃掉汉堡，所以这个男人可以先把老鼠运过河。然后他第二趟把汉堡运过河，但是在返回的时候留下汉堡在河对岸，把老鼠运过来。然后把老鼠放在河这边，把蛇运到河对岸。这样一来，蛇和汉堡都运到了河对岸。最后一趟，他可以把老鼠运过去。

附录　快速找到你想要的游戏

标题	★ 难度等级					所需时间	分组规模
1. 接力回答	1	2	3			5—10分钟	整个班级
2. 问路和指路	1	2				10—15分钟	2人
3. 绕口令接龙	1	2	3	4	5	10—15分钟	4—5人
4. 谁是最聪明的学生：单词重读游戏		2	3	4		10—15分钟	3—4人
5. 故事接龙		2	3	4		10—15分钟	4人
6. 你周末过得怎么样		2	3	4		10分钟	2人
7. 描述杂志照片		2	3	4		10—15分钟	5—6人
8. 外貌描述游戏：我们描述的是谁		2	3	4		15—20分钟	2人
9. 猜测含义游戏：两个数字和两个单词		2	3	4	5	10—15分钟	2—3人
10. 发音游戏：谁能最先讲完歌词		2	3	4	5	10—15分钟	2人
11. 续写经典游戏：漆黑的暴风雨夜		2	3	4	5	10—15分钟	3—4人
12. 发音游戏：你刚刚说的是什么		2	3	4	5	10—15分钟	3—4人
13. 提问游戏：猜出已故名人的名字			3	4	5	20—30分钟	整个班级
14. 沟通游戏：寻找最完美的室友			3	4	5	20—25分钟	整个班级
15. 配音游戏：成为电视剧的主角			3	4	5	10—15分钟	2人
16. 荒岛求生的物品清单			3	4	5	15—20分钟	3—4人
17. 让我们来拍张照片吧			3	4	5	10—15分钟	4—5人
18. 即兴表演之夜			3	4	5	20—30分钟	2人
19. 看视频设计对话			3	4	5	10—15分钟	3—4人
20. 奇葩说			3	4	5	20—30分钟	2—4人
21. 被删掉的台词是什么			3	4	5	15—20分钟	2—4人
22. 大胆的开场白			3	4	5	15—20分钟	2—4人

第一部分　口语游戏

续表

	标题	难度等级 ★					所需时间 👤	分组规模 🕐
第二部分 听力游戏	23. 时间到啦	1	2				10—15分钟	4—5人
	24. 外出野餐	1	2	3			10分钟	5—6人
	25. 疯狂的押韵	1	2	3			10—15分钟	3—4人
	26. 听写填空	1	2	3			10—15分钟	2—3人
	27. 猜猜我正在做什么		2	3	4	5	15—20分钟	4—5人
	28. 找出句子中的语法错误		2	3	4	5	10—15分钟	3—4人
	29. 警察素描画像		2	3	4	5	10—15分钟	4人
	30. 这些话是谁说的		2	3	4	5	10分钟	4—5人
	31. 天气怎么样			3	4	5	10—15分钟	2人
	32. 单词猜猜			3	4	5	15—20分钟	4—5人
	33. 破解入场密码			3	4	5	10—15分钟	整个班级
	34. 真话还是谎言			3	4	5	15—20分钟	4—5人
	35. 你抓住了哪些信息			3	4	5	10分钟	3—4人
第三部分 写作和阅读游戏	36. 你能列出多少个问题	1	2	3	4		20—25分钟	3人
	37. 看图编故事	1	2	3	4		20—25分钟	3人
	38. 两个事实一个谎言		2	3	4	5	10—15分钟	2—4人
	39. 丛林日记			3	4	5	15—20分钟	2—3人
	40. 编写英文字母说唱歌曲			3	4	5	20—30分钟	3—4人
	41. 模仿苏斯博士童话故事的无厘头押韵			3	4	5	20—30分钟	3—4人
	42. 流浪猫的故事			3	4	5	30分钟	2人
	43. 每日新闻播报			3	4	5	40—60分钟	2人
	44. 奇异的梦境			3	4	5	20—30分钟	2—3人
	45. 拼凑出完整的对话	1	2	3	4		10—15分钟	2—3人
	46. 这竟然是真的		2	3	4	5	15—20分钟	3—4人
	47. 你能找到最佳的回答吗		2	3	4	5	10—15分钟	整个班级
	48. 拼凑支离破碎的故事			3	4	5	10—15分钟	3—4人

续表

标题	难度等级				所需时间	分组规模	
49. 反义词配对	1	2	3		10—15分钟	3人	
50. 看图猜词	1	2	3		10—15分钟	整个班级	
51. 匹配不同国家的官方语言	1	2	3		10—15分钟	3—4人	
52. 给疑问词找答案	1	2	3		10—15分钟	整个班级	
53. 单数还是复数	1	2	3		10分钟	2—3人	第四部分　词汇游戏
54. 编写奇闻异事	1	2	3		10—15分钟	3—4人	
55. 语音专项训练	1	2	3	4	10—15分钟	3—4人	
56. 最佳搭配	1	2	3	4	10—15分钟	3—4人	
57. 疯狂的形容词和名词组合		2	3	4	10—15分钟	3—4人	
58. 猜猜我手里是什么词		2	3	4	20分钟	4—5人	
59. 骰子定词		2	3	4	5	10—15分钟	3—4人
60. 重讲童话故事			3	4	5	20—30分钟	3—4人
61. 最有意思的答案			3	4	5	15—20分钟	4—5人
62. 猜猜我的秘密			3	4	5	10—15分钟	4—5人
63. 你能提出正确的问题吗			3	4	5	10分钟	4—5人
64. 同音异义词你选对了吗	1	2	3		10—15分钟	3—4人	第五部分　拼写和数字游戏
65. 词汇列举大比拼	1	2	3		10—15分钟	3—4人	
66. 一头善良的大象	1	2	3	4	5	10—15分钟	3—4人
67. 2个首字母和2个尾字母造词游戏	1	2	3	4	5	10—15分钟	3—4人
68. 编写搞笑的绕口令		2	3	4	5	10—15分钟	3—4人
69. 可以构成反义词的前缀			3	4	5	10—15分钟	3—4人
70. 后缀编词大挑战			3	4	5	10分钟	2—3人
71. 大声说出数字	1	2	3		5—10分钟	5—6人	
72. 宾果数字游戏	1	2	3		10分钟	2人	
73. 数字听写	1	2	3		10—15分钟	2—3人	
74. 你猜对价格了吗	1	2	3		10—15分钟	3—4人	
75. 你听到那些数字了吗			3	4	5	10—15分钟	3—4人

续表

	标题	★ 难度等级				所需时间	分组规模
第六部分 语法游戏	76. 形容词比较级大分类	1	2	3		10—15分钟	3—4人
	77. 动物大排序	1	2	3		10—15分钟	5—6人
	78. 时间介词at/on/in	1	2	3		5—10分钟	5—6人
	79. 你的记忆力好吗	1	2	3		10—15分钟	2—3人
	80. 比较级造句大比拼	1	2	3		10—15分钟	2—3人
	81. 花费（For）还是自……以来（Since）	1	2	3		10—15分钟	分成两大组
	82. 运动词汇大分类	1	2	3		10—15分钟	3人
	83. 频率副词造句	1	2	3		10—15分钟	2人
	84. 不规则动词过去分词的宾果游戏	1	2	3		10—15分钟	3—4人
	85. 现在/过去进行时	1	2	3		10分钟	2—3人
	86. 基于事实进行合理的猜测		2	3		5—10分钟	2人
	87. 回到未来		2	3	4	10—15分钟	2—3人
	88. 因为（Because）还是因为（Because of）		2	3	4	10—15分钟	3—4人
	89. 描绘地点		2	3	4	10—15分钟	4—5人
	90. 未来的我		2	3	4	10—15分钟	整个班级
	91. 混乱的日程安排表		2	3	4	10—15分钟	整个班级
	92. 老式明信片		2	3	4	5	10分钟	2人
	93. 最佳建议		2	3	4	5	10—15分钟	4—5人
	94. 条件句专项训练		2	3	4	5	10—15分钟	3—4人
	95. 条件句接龙			3	4	5	10分钟	整个班级
	96. 我想（I Want to）和你需要（You Need to）			3	4	5	10—15分钟	5—6人
	97. "我永远不会"的情态动词练习			3	4	5	10—15分钟	整个班级
	98. 停下正在做的（Stop Doing）还是停下来去做（Stop to Do）			3	4	5	10—15分钟	整个班级
	99. 你会怎么做？			3	4	5	10—15分钟	整个班级
	100. 过河游戏			3	4	5	10—15分钟	3—4人

"常青藤"书系—中青文教师用书总目录

书名	书号	定价
特别推荐——从优秀到卓越系列		
从优秀教师到卓越教师：极具影响力的日常教学策略	9787515312378	33.80
从优秀教学到卓越教学：让学生专注学习的最实用教学指南	9787515324227	39.90
从优秀学校到卓越学校：他们的校长在哪些方面做得更好	9787515325637	59.90
卓越课堂管理（中国教育新闻网2015年度"影响教师的100本书"）	9787515331362	88.00
名师新经典/教育名著		
在芬兰中小学课堂观摩研修的365日	9787515363608	49.00
马文·柯林斯的教育之道：通往卓越教育的路径（《中国教育报》2019年度"教师喜爱的100本书"，中国教育新闻网"影响教师的100本书"。朱永新作序，李希贵力荐）	9787515355122	49.80
如何当好一名学校中层：快速提升中层能力、成就优秀学校的31个高效策略	9787515346519	49.00
像冠军一样教学：引领学生走向卓越的62个教学诀窍	9787515343488	49.00
像冠军一样教学2：引领教师掌握62个教学诀窍的实操手册与教学资源	9787515352022	68.00
如何成为高效能教师	9787515301747	89.00
给教师的101条建议（第三版）（《中国教育报》"最佳图书"奖）	9787515342665	33.00
改善学生课堂表现的50个方法（入选《中国教育报》"影响教师的100本书"）	9787500693536	33.00
改善学生课堂表现的50个方法操作指南：小技巧获得大改变	9787515334783	29.00
优秀教师一定要知道的17件事	9787515342726	23.00
美国中小学世界历史读本/世界地理读本/艺术史读本	9787515317397等	106.00
美国语文读本1—6	9787515314624等	252.70
和优秀教师一起读苏霍姆林斯基	9787500698401	27.00
快速破解60个日常教学难题	9787515339320	39.90
美国最好的中学是怎样的——让孩子成为学习高手的乐园	9787515344713	28.00
建立以学习共同体为导向的师生关系：让教育的复杂问题变得简单	9787515353449	33.80
教师成长/专业素养		
通过积极的师生关系提升学生成绩：给教师的行动清单	9787515356877	49.00
卓越教师工具包：帮你顺利度过从教的前5年	9787515361345	49.00
可见的学习与深度学习：最大化学生的技能、意志力和兴奋感	9787515361116	45.00
学生教给我的17件重要的事：带给你爱、勇气、坚持与创意的人生课堂	9787515361208	39.80
教师如何持续学习与精进	9787515361109	39.00
从实习教师到优秀教师	9787515358673	39.90
像领袖一样教学：改变学生命运，使学生变得更好（中国教育新闻网2015年度"影响教师的100本书"）	9787515355375	49.00
你的第一年：新教师如何生存和发展	9787515351599	33.80
教师精力管理：让教师高效教学，学生自主学习	9787515349169	28.00
如何使学生成为优秀的思考者和学习者：哈佛大学教育学院课堂思考解决方案	9787515348155	49.90
反思性教学：一个已被证明能让教师做到更好的培训项目（30周年纪念版）	9787515347837	59.90
凭什么让学生服你：极具影响力的日常教育策略（中国教育新闻网2017年度"影响教师的100本书"）	9787515347554	28.00
运用积极心理学提高学生成绩（中国教育新闻网2017年度"影响教师的100本书"）	9787515345680	39.80
可见的学习与思维教学：成长型思维教学的54个教学资源：教学资源版	9787515354743	36.00
可见的学习与思维教学：让教学对学生可见，让学习对教师可见（中国教育报2017年度"教师最喜爱的100本书"）	9787515345000	39.90

书名	书号	定价
教学是一段旅程：成长为卓越教师你一定要知道的事	9787515344478	39.00
安奈特·布鲁肖写给教师的101首诗	9787515340982	35.00
万人迷老师养成宝典学习指南	9787515340784	28.00
中小学教师职业道德培训手册：师德的定义、养成与评估	9787515340777	32.00
成为顶尖教师的10项修炼（中国教育新闻网2015年度"影响教师的100本书"）	9787515334066	35.00
★ T. E. T. 教师效能训练：一个已被证明能让所有年龄学生做到最好的培训项目（30周年纪念版）（中国教育新闻网2015年度"影响教师的100本书"）	9787515332284	49.00
教学需要打破常规：全世界最受欢迎的创意教学法（中国教育新闻网2015年度"影响教师的100本书"）	9787515331591	45.00
给幼儿教师的100个创意：幼儿园班级设计与管理	9787515330310	39.90
给小学教师的100个创意：发展思维能力	9787515327402	29.00
给中学教师的100个创意：如何激发学生的天赋和特长 / 杰出的教学 / 快速改善学生课堂表现	9787515330723等	87.90
以学生为中心的翻转教学11法	9787515328386	29.00
如何使教师保持职业激情	9787515305868	29.00
★ 如何培训高效能教师：来自全美权威教师培训项目的建议	9787515324685	39.90
良好教学效果的12试金石：每天都需要专注的事情清单	9787515326283	29.90
★ 让每个学生主动参与学习的37个技巧	9787515320526	45.00
给教师的40堂培训课：教师学习与发展的最佳实操手册	9787515352787	39.90
提高学生学习效率的9种教学方法	9787515310954	27.80
★ 优秀教师的课堂艺术：唤醒快乐积极的教学技能手册	9787515342719	26.00
★ 万人迷老师养成宝典（第2版）（入选《中国教育报》"2010年影响教师的100本书"）	9787515342702	39.00
高效能教师的9个习惯	9787500699316	26.00
课堂教学/课堂管理		
从作业设计开始的30个创意教学法：运用互动反馈循环实现深度学习	9787515366364	59.00
基于课堂中精准理解的教学设计	9787515365909	49.00
如何创建培养自主学习者的课堂管理系统	9787515365879	49.00
如何提高课堂创意与参与度：每个教师都可以使用的178个教学工具	9787515365763	49.90
如何激活学生思维：激励学生学习与思考的187个教学工具	9787515365770	49.90
男孩不难教：男孩学业、态度、行为问题的新解决方案	9787515364827	49.00
★ 高度参与的线上线下融合式教学设计：极具影响力的备课、上课、练习、评价项目教学法	9787515364438	49.00
★ 跨学科项目式教学：通过"+1"教学法进行计划、管理和评估	9787515361086	49.00
课堂上最重要的56件事	9787515360775	35.00
★ 全脑教学与游戏教学法	9787515360690	39.00
★ 深度教学：运用苏格拉底式提问法有效开展备课设计和课堂教学	9787515360591	49.90
★ 一看就会的课堂设计：三个步骤快速构建完整的课堂管理体系	9787515360584	39.90
如何有效激发学生学习兴趣	9787515360577	38.00
如何解决课堂上最关键的9个问题	9787515360195	49.00
多元智能教学法：挖掘每一个学生的最大潜能	9787515359885	39.90
★ 探究式教学：让学生学会思考的四个步骤	9787515359496	39.00
课堂提问的技术与艺术	9787515358925	49.00
如何在课堂上实现卓越的教与学	9787515358321	49.00
基于学习风格的差异化教学	9787515358437	39.90

书名	书号	定价
如何在课堂上提问：好问题胜过好答案	9787515358253	39.00
高度参与的课堂：提高学生专注力的沉浸式教学	9787515357522	39.90
让学习变得有趣	9787515357782	39.00
如何利用学校网络进行项目式学习和个性化学习	9787515357591	39.90
基于问题导向的互动式、启发式与探究式课堂教学法	9787515356792	49.00
如何在课堂中使用讨论：引导学生讨论式学习的60种课堂活动	9787515357027	38.00
如何在课堂中使用差异化教学	9787515357010	39.90
如何在课堂中培养成长型思维	9787515356754	39.90
每一位教师都是领导者：重新定义教学领导力	9787515356518	39.90
教室里的1-2-3魔法教学：美国广泛使用的从学前到八年级的有效课堂纪律管理	9787515355986	39.90
如何在课堂中使用布卢姆教育目标分类法	9787515355658	39.00
如何在课堂上使用学习评估	9787515355597	39.00
7天建立行之有效的课堂管理系统：以学生为中心的分层式正面管教	9787515355269	29.90
积极课堂：如何更好地解决课堂纪律与学生的冲突	9787515354590	38.00
设计智慧课堂：培养学生一生受用的学习习惯与思维方式	9787515352770	39.00
追求学习结果的88个经典教学设计：轻松打造学生积极参与的互动课堂	9787515353524	39.00
从备课开始的100个课堂活动设计：创造积极课堂环境和学习乐趣的教师工具包	9787515353432	33.80
老师怎么教，学生才能记得住	9787515353067	48.00
多维互动式课堂管理：50个行之有效的方法助你事半功倍	9787515353395	39.80
智能课堂设计清单：帮助教师建立一套规范程序和做事方法	9787515352985	49.90
提升学生小组合作学习的56个策略：让学生变得专注、自信、会学习	9787515352954	29.90
快速处理学生行为问题的52个方法：让学生变得自律、专注、爱学习	9787515352428	39.00
王牌教学法：罗恩·克拉克学校的创意课堂	9787515352145	39.80
让学生快速融入课堂的88个趣味游戏：让上课变得新颖、紧凑、有成效	9787515351889	39.00
如何调动与激励学生：唤醒每个内在学习者（李希贵校长推荐全校教师研读）	9787515350448	39.80
合作学习技能35课：培养学生的协作能力和未来竞争力	9787515340524	59.00
基于课程标准的STEM教学设计：有趣有料有效的STEM跨学科培养教学方案	9787515349879	68.00
如何设计教学细节：好课堂是设计出来的	9787515349152	39.00
15秒课堂管理法：让上课变得有料、有趣、有秩序	9787515348490	49.00
混合式教学：技术工具辅助教学实操手册	9787515347073	39.80
从备课开始的50个创意教学法	9787515346618	39.00
中学生实现成绩突破的40个引导方法	9787515345192	33.00
给小学教师的100个简单的科学实验创意	9787515342481	39.00
老师如何提问，学生才会思考	9787515341217	49.00
教师如何提高学生小组合作学习效率	9787515340340	39.00
卓越教师的200条教学策略	9787515340401	49.90
中小学生执行力训练手册：教出高效、专注、有自信的学生	9787515335384	49.90
从课堂开始的创客教育：培养每一位学生的创造能力	9787515342047	33.00
提高学生学习专注力的8个方法：打造深度学习课堂	9787515333557	35.00
改善学生学习态度的58个建议	9787515324067	36.00
全脑教学（中国教育新闻网2015年度"影响教师的100本书"）	9787515323169	38.00
全脑教学与成长型思维教学：提高学生学习力的92个课堂游戏	9787515349466	39.00
哈佛大学教育学院思维训练课：让学生学会思考的20个方法	9787515325101	59.90

	书名	书号	定价
	完美结束一堂课的35个好创意	9787515325163	28.00
	如何更好地教学：优秀教师一定要知道的事	9787515324609	36.00
	带着目的教与学	9787515323978	39.90
★	美国中小学生社会技能课程与活动（学前阶段/1-3年级/4-6年级/7-12年级）	9787515322537等	153.80
	彻底走出教学误区：开启轻松智能课堂管理的45个方法	9787515322285	28.00
	破解问题学生的行为密码：如何教好焦虑、逆反、孤僻、暴躁、早熟的学生	9787515322292	36.00
	13个教学难题解决手册	9787515320502	28.00
★	让学生爱上学习的165个课堂游戏	9787515319032	39.00
	美国学生游戏与素质训练手册：培养孩子合作、自尊、沟通、情商的103种教育游戏	9787515325156	49.00
	老师怎么说，学生才会听	9787515312057	39.00
	快乐教学：如何让学生积极与你互动（入选《中国教育报》"影响教师的100本书"）	9787500696087	29.00
★	老师怎么教，学生才会提问	9787515317410	29.00
★	快速改善课堂纪律的75个方法	9787515313665	28.00
★	教学可以很简单：高效能教师轻松教学7法	9787515314457	39.00
★	好老师可以避免的20个课堂错误（入选《中国教育报》"影响教师的100本图书"）	9787500688785	39.90
★	好老师应对课堂挑战的25个方法（《给教师的101条建议》作者新书）	9787500699378	25.00
★	好老师激励后进生的21个课堂技巧	9787515311838	39.80
★	开始和结束一堂课的50个好创意	9787515312071	29.80
	好老师因材施教的12个方法（美国著名教师伊莉莎白"好老师"三部曲）	9787500694847	22.00
★	如何打造高效能课堂	9787500680666	29.00
	合理有据的教师评价：课堂评估衡量学生进步	9787515330815	29.00
班主任工作/德育			
★	北京四中8班的教育奇迹	9787515321608	36.00
★	师德教育培训手册	9787515326627	29.80
	中小学教师职业道德培训手册：师德的定义、养成与评估	9787515340777	32.00
★	好老师征服后进生的14堂课（美国著名教师伊莉莎白"好老师"三部曲）	9787500693819	39.90
	优秀班主任的50条建议：师德教育感动读本（《中国教育报》专题推荐）	9787515305752	23.00
学校管理/校长领导力			
	如何培育卓越教师：给学校管理者的行动清单	9787515357034	39.00
★	学校管理最重要的48件事	9787515361055	39.80
	重新设计学习和教学空间：设计利于活动、游戏、学习、创造的学习环境	9787515360447	49.90
	重新设计一所好学校：简单、合理、多样化地解构和重塑现有学习空间和学校环境	9787515356129	49.00
	让樱花绽放英华	9787515355603	79.00
	学校管理者平衡时间和精力的21个方法	9787515349886	29.90
	校长引导中层和教师思考的50个问题	9787515349176	29.00
	如何定义、评估和改变学校文化	9787515340371	29.80
	优秀校长一定要做的18件事（入选《中国教育报》"2009年影响教师的100本书"）	9787515342733	39.90
学科教学/教科研			
	中学古文观止50讲：文言文阅读能力提升之道	9787515366555	59.90
	完美英语备课法：用更短时间和更少材料让学生高度参与的100个课堂游戏	9787515366524	49.00
	人大附中整本书阅读取胜之道：让阅读与作文双赢	9787515364636	59.90
	北京四中语文课：千古文章	9787515360973	59.00